TIAGO BRUNET

DESCUBRE TU DESTINO

LAS LLAVES HACIA TU FUTURO

PO Box 592
Titusville, FL 32781

MW00469303

WHITAKER
HOUSE
Español

A menos que se indique lo contrario, todas las citas de la Escritura son tomadas de la *Santa Biblia, Versión Reina-Valera 1960*, rvr, © 1960 por las Sociedades Bíblicas en América Latina; © renovado 1988 por las Sociedades Bíblicas Unidas. Usadas con permiso. Todos los derechos reservados. Las citas de la Escritura marcadas (nvi) son tomadas de la *Santa Biblia, Nueva Versión Internacional*®, nvi ®, © 1999 por la Sociedad Bíblica Internacional. Usadas con permiso. Reservados todos los derechos.

Las cursivas en los textos y citas bíblicas son énfasis del autor.

Editado por: Ofelia Pérez

Descubre tu destino
Las llaves hacia tu futuro

ISBN: 978-1-64123-477-1
eBook ISBN: 978-1-64123-485-6
Impreso en los Estados Unidos de América.
© 2020 por Tiago Brunet

Whitaker House
1030 Hunt Valley Circle
New Kensington, PA 15068
www.whitakerhouse.com

Por favor, envíe sugerencias sobre este libro a: comentarios@whitakerhouse.com.

Ninguna parte de esta publicación podrá ser reproducida o transmitida de ninguna forma o por algún medio electrónico o mecánico; incluyendo fotocopia, grabación o por cualquier sistema de almacenamiento y recuperación sin el permiso previo por escrito de la editorial. En caso de tener alguna pregunta, por favor escríbanos a permissionseditor@whitakerhouse.com.

1 2 3 4 5 6 7 8 9 10 11 12 ⊔⊔ 25 24 23 22 21 20

Índice

Introducción

La vida es como un pasaje aéreo: puedes tener conexiones y escalas en el camino, pero es imposible ir a dos destinos al mismo tiempo. Si tu camino es con dirección a Nueva York, tú sabes que decidir ir a París en el medio de la ruta no sería una opción. El destino es algo difícil de cambiar y cualquier cambio traerá sus consecuencias.

El mismo Jesús, personaje que estudiamos en esta obra, cuando pasó por aquí hace unos dos mil años, intentó hacer un cambio casi al final de su viaje. Sí, Él intentó cambiar su destino al clamar: «Padre, si es posible, aleja de mí este cáliz». Él estaba destinado a la cruz, a morir por la humanidad, pero de igual modo intentó evitar lo que ya estaba determinado.

Tal episodio nos revela un poderoso secreto que puede blindar nuestro futuro al decir: "No sea como yo quiero, sino que se haga Su voluntad".

Él vincula el cumplimiento de su destino a algo mayor; a algo que llamaremos en este libro "supervisión especializada". Es necesario consultar al Especialista.

Observa que no importa la velocidad de un auto en la carrera de Fórmula 1 si la dirección es incorrecta. ¡El destino es todo! Las personas, por lo general, no tienen ni idea de adónde van. ¡Pocos tienen sentido de futuro y viven una vida sin la verdadera intención de vivir!

En este libro aprenderás de forma práctica cómo develar tu destino; a dónde vas y cómo estarás al final de tu peregrinación aquí en la Tierra. Además, entenderás que alguien ya te ha visto allá adelante y que Él puede facilitar tu camino por aquí. Nuestro contacto con lo divino no es una "bola de cristal", pero se puede predecir lo que está por venir. Funciona como una aplicación GPS que ya te avisa de los atascos de la carretera kilómetros antes de llegar a ellos.

No hay cómo hablar de futuro sin hablar de fe.

La fe es como el wifi, es la red invisible que te conecta en banda ancha con las cosas que aparentaban ser imposibles.

Han pasado milenios desde la fundación del mundo como lo conocemos, y la pregunta que todo ser humano carga dentro de sí continúa sin respuesta. Esta pregunta insiste en atravesar generaciones, acompañar los siglos y no respetar territorios.

¿A dónde voy?

¿Terminaré bien o terminaré mal?

Pocas personas consiguen diseñar el futuro. ¡Pocas en verdad! ¡CRÉELO! Pocas serán las que han diseñado sus próximos años y estarán con severas dificultades para ejecutar el proyecto que escribieron. ¡Porque hay muchas sorpresas en el camino!

Una vez, durante un viaje a Dubai, conversé con un piloto del Air Bus 380 que nos llevaría de vuelta a casa. En el intercambio de informaciones preciosas que esta breve conversación proporcionó, una frase resonó en mis oídos:

Tener el destino claro no sirve de mucho sin un mapa de navegación.

Me dijo: "El mejor piloto del mundo, al mando de la mejor aeronave del planeta, pierde su utilidad sin un DESTINO y un PLAN DE VUELO".

Aquí está una de las preguntas más emblemáticas para el ser humano: ¿ADÓNDE debo ir y CÓMO llegaré allí?

Muchas personas que conozco son verdaderos diamantes, enterrados en las arenas de la vida real. Y quien sabe si tú eres una de ellas. ¿Quién sabe? ¿Eres una de esas personas que tiene un sueño, pero no tiene ni idea de cómo llegar hasta allá?

En los más de 40 viajes que he hecho a Israel, muchos de ellos para estudiar e investigar la trayectoria de los judíos, he conversado con historiadores, entrevistado a arqueólogos, y he comprobado a fondo la historia más contada del mundo: la vida de Jesús. He desarrollado algunas tesis sobre héroes bíblicos, como David, José y Moisés. Entendí, por la vida de esos personajes, que para desentrañar y cumplir su destino, son necesarias dos cosas:

Preparación humana y "conspiración divina".

Como teólogo enfocado en desarrollo personal y espiritual, en la investigación que hice para este libro, concluí que si comprendemos el paso a paso de la vida, el liderazgo y la inteligencia de Jesús y la de otros héroes bíblicos, será mucho más fácil descubrir nuestro destino y, sobre todo, ¡vivirlo!

De acuerdo con ellos, también funcionará con nosotros. ¡Créelo!

La fe es más que creer; es dar PODER a algo o alguien.

Cuando pongo fe en las palabras, le doy poder a ellas. Cuando pongo mi fe en una persona, le concedo autoridad sobre mí.

Lo que me intrigó al reflexionar sobre la vida del Maestro fue la secuencia estratégica de su caminata. ¡Nada fue coincidencia! Todo estaba planeado, y Él, preparado.

Las intervenciones que trascendieron al universo humano se produjeron muchas veces, y es exactamente a lo que me refiero cuando hablo de "conspiración divina".

¡Hay algo superior! Existe un Arquitecto de Destino.

Al reflexionar en la afirmación anterior, no me quedan dudas. ¿Pero será posible dibujar el futuro?

En la historia de Jesús vemos claramente que nuestro fin no está escrito en las estrellas (como muchos creen), sino en nuestras decisiones diarias.

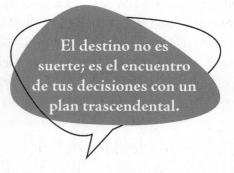

El destino no es suerte; es el encuentro de tus decisiones con un plan trascendental.

Jesús también enseñó con su propia trayectoria que la vida se divide en dos etapas: la de preparación y la de exposición.

Él pasó treinta años de su existencia siendo entrenado para vivir su misión en apenas tres años y medio.

Muchos desean encontrar su camino profesional, emocional, familiar, espiritual, pero invierten el orden y nunca alcanzan lo que tanto buscan.

Recuerda esto:

> Es el nivel de tu preparación lo que determinará el radio de tu influencia. Tu expectativa del futuro determinará tu grandeza.

Jesús no huyó o se quejó de sus años de preparación. Él sabía que la paciencia es una virtud de quien sabe lo que quiere, de quien sabe hacia dónde va.

Durante su etapa de preparación, fue expulsado de algunos lugares, así como otros héroes bíblicos y contemporáneos, que también fueron expulsados de su zona de confort directo a sus destinos: José fue vendido a Egipto engañado por sus hermanos; David tuvo que huir de su propio país perseguido injustamente por su suegro y rey en la época. La lista es grande y tú necesitas saber que atravesar por lo que llamo Zona de Expulsión no es una opción, es un hecho.

En esta obra, hablaremos de:

1. La zona de expulsión. Quien hizo historia, fue expulsado de su zona de confort.

2. La influencia de las personas con quienes convivimos y los libros que leemos en la construcción de tu futuro.

3. Cómo tener una vida consistente para llegar al lugar que se quiere.

4. Entender que tu sueño de vida representa tu destino.

¡Entonces, revisa tus sueños!

- ❖ Busca supervisión especializada para alcanzar tu nivel final.

- ❖ Aprende a recomenzar si fuera necesario.

- ❖ Enfrenta la exposición que el destino provoca.

En esta carretera mal señalizada que es la vida, nos encontramos con muchos obstáculos en el camino, curvas acentuadas y peligros que constantemente nos desvían de nuestras prioridades: problemas en el matrimonio, frustraciones en las relaciones, dificultades financieras, necesidad extrema de ser aceptados, complejos de inferioridad, recuerdos dolorosos. Hay una inmensa lista de ítems que impactan mucho en la búsqueda de nuestro futuro. Pero, recuerda: ¡el destino es todo!

Jesús nunca abandonó el plan de vuelo, el mapa de navegación, a pesar de los dolores e injusticias. Su destino no pudo ser cambiado por interferencias externas, fue una posición interna y definitiva. ¿Y el tuyo?

Más fascinante es que el norte de la brújula de la vida del hombre de Nazaret nunca falló. Él cambiaba el destino de las personas con una mirada de afecto mientras mantenía incorruptible su destino. Él cambió el futuro de la humanidad solo con sus palabras mientras el suyo continuaba inquebrantable.

Con este libro espero ayudar a todos aquellos que desean ardientemente descubrir su camino y entender su propósito. Aquellos que, más que todo, necesitan desentrañar su propio destino.

Hay una forma de empezar este juego de descubrimientos. Vas a reír, pero también sentirás las lágrimas correr por tu rostro en algunos momentos.

Pasé los últimos años, como coach, entrenando a personas e instituciones, aconsejando a líderes políticos, religiosos y empresarios. Me di cuenta de que tenemos que aprender atentamente con la vida, con los ejemplos de Jesús y de los héroes bíblicos, para entrar en los caminos que conducen a la paz y la prosperidad que se han reservado para cada uno de nosotros.

Independientemente de tu creencia o religión, vamos a viajar por las próximas páginas, analizando las acciones y re-acciones de esos hombres de carne y hueso, como tú y yo, que fueron guiados hasta un destino que marcó a la humanidad.

El plan de Jesús funcionó.

Dos mil años han pasado y estamos aquí, aprendiendo de Él.

¡Prepárate! Estás a punto de desentrañar tu desti-no, y cuando lo cumplas, hablarán de ti en las próximas generaciones.

Tiago Brunet

1

¿Cómo te convertiste en lo que eres?

"Un hombre no es otra cosa que lo que hace de sí mismo".

Jean-Paul Sartre

Antes de descubrir lo que está por venir y develar tu destino, necesitas reflexionar sobre cómo llegaste hasta aquí, cómo te convertiste en el tú de hoy. Sin saber tu ubicación actual es imposible proyectar el futuro.

Esto lo aprendí recientemente, durante un viaje que hice con mi esposa a Lisboa, en Portugal. Fue en la capital portuguesa que debí haber escrito este capítulo. Jeanine sugirió que saliéramos un poco, que fuéramos a la hermosa plaza del Comercio o a conocer el centro comercial más cercano. Decidimos ir al centro comercial. Así que tomé el celular para usar una aplicación de transporte particular y pedí un auto para que nos llevara allí.

Cuando fui a introducir el destino, el sistema me obligó a poner primero mi ubicación exacta, pues la señal captada por el satélite solo mostraba el área en que yo estaba, y no la dirección correcta.

La situación fue como un estallido: "¡Sin saber dónde estamos, no podemos trazar nuestro destino!". Por eso, es esencial entender cómo te formaste para llegar hasta aquí, que es dónde y cómo te encuentras hoy.

La verdad es que somos construidos consciente o inconscientemente, intencional o involuntariamente, por experiencias, personas, sugerencias, contrariedades, palabras y por nuestra materia prima o, como me gusta llamarlo, por nuestras habilidades naturales. Todo eso nos forma, todo eso nos construye.

Como seres humanos en constante evolución, funcionamos de la misma forma que una esponja: cada día de nuestra vida absorbemos algo más; algo diferente. Colocamos diariamente un ladrillo en la construcción de nuestro propio futuro. Si el ladrillo es colocado de manera errada, solo lo percibiremos cuando la obra avance un poco. ¡Y aquí es donde está el problema!

¿Es posible construir un futuro sin una supervisión especializada? ¿Sin el ingeniero de la obra? ¿Tiene sentido construir la vida a nuestra manera para que solo en algunos años nos demos cuenta de que algo está torcido?

Ya intenté, investigué, analicé posibles respuestas a esas preguntas... ¡Y, básicamente, el resumen de esa búsqueda es que es imposible! Eso mismo. Es imposible constituir un buen futuro sin el acompañamiento de quien entiende del asunto.

Ante las decisiones y experiencias que moldean nuestro destino, necesitaremos de alguien que ya nos haya visto en el futuro, de alguien que nos dé señales de que estamos en el camino correcto o no.

Hablaremos de ello más adelante. Tú estás todavía en el primer peldaño de la escalinata. En la etapa actual, es necesario aumentar tu fe, alimentar tus sueños y recibir herramientas para creer en lo que vendrá.

LOS MOTIVOS PRINCIPALES

Después de un autoanálisis me di cuenta de que me convertí en quien soy por tres motivos principales. Claro que son innumerables cosas las que nos moldean. Reducir las influencias que me dieron forma en solo tres, puede parecer que todo ha sido demasiado simple. Sin embargo, destaco estas porque son significativas en mi vida y en la vida de los más de 250 clientes que atendí en sesiones de coaching.

Cito esto, pues de esos encuentros, que totalizan más de dos mil horas de sesiones personales, he obtenido muchas lecciones, así como de las experiencias que conquisté por haber realizado cientos de cursos de desarrollo personal, inteligencia emocional, motivación y espiritualidad, con un público total de más de 500 mil personas; lo que equivale a 6 estadios del Maracaná (en Río de Janeiro) llenos de personas. ¡Eso hasta enero de 2018!

Mucho de lo que se habló en esas conversaciones y en esos eventos me inspiró a hacer anotaciones. Y hoy, por eso, tengo cientos y cientos de páginas. Ellas registraron el motivo por el cual esas personas hacían lo que hacían: cómo llegar a la cumbre o a la quiebra, cómo mantuvieron sus familias o las perdieron, y cómo realizaron sus sueños o los dejaron escapar de las manos.

Concéntrate en lo que está adelante.

¡Respira hondo y vamos!

Los tres puntos siguientes siempre aparecieron en mis anotaciones:

1. PALABRAS QUE TE HABLARON Y LAS CREÍSTE

Si el veneno más poderoso del mundo está en un vaso delante de ti, no tendrá ningún efecto. Como dice el dicho popular: "El veneno solo tiene efecto si lo bebes".

Esa es la verdad. Las palabras solo se vuelven verdaderas cuando creemos en ellas. Y eso sirve para el bien y para el mal.

La certeza de la recompensa perfecciona nuestro comportamiento.

Cuando yo era adolescente, con mis 12 o 13 años, mis hermanos y yo nos preparábamos para ir a la inauguración de una gran casa de videojuegos que abriría ese fin de semana. ¡Estábamos eufóricos!

Dos semanas antes, nos comportamos mucho mejor de lo normal para que no hubiera riesgo de que papá nos prohibiera ir por algún eventual mal comportamiento. Avisamos a mamá que necesitábamos dinero y fuimos preparando todo el ambiente para el gran día.

En fin, el día tan esperado llegó. Nos levantamos temprano, nos pusimos la mejor ropa, llamamos a los amigos con los que habíamos quedado de ir en grupo y nos reunimos en la sala de estar, esperando a que papá encendiera el auto para salir.

Fue cuando mi padre se acercó y nos dio 30 reales a cada uno de nosotros. Era el dinero que usaríamos para comprar las fichas de los videojuegos.

Estábamos muy felices... ¡Qué alegría!

Quien se acuerda de su infancia, o tiene niños en casa, puede imaginar cómo esos minutos fueron especiales y llenos de sonrisas. La felicidad aumentó cuando llegamos al centro comercial. Desde el estacionamiento, a pasos acelerados, fuimos directamente a la nueva tienda de juegos electrónicos. Allí, como acordamos, encontraríamos a nuestros amigos en la puerta. Esperamos hasta que todos llegaran y fuimos juntos a la fila de las fichas.

En eso, dos hermanas, amigas nuestras, hijas del hombre "más rico" de nuestro círculo social de la época, me preguntaron: "¿Y tú, Tiago, cuántos reales trajiste para jugar?". Yo, con una sonrisa inocente, respondí: "¡Treinta!". ¡Yo estaba tan feliz! Para mí, ese dinero era más que suficiente.

Solo que una de ellas me miró y, sin pensar, disparó la frase: "¡Que miseria! Mi padre nos dio 200 reales a cada una de nosotras. ¡Qué vergüenza traer solo 30!".

Aquellas palabras cayeron como una bomba atómica sobre mis emociones.

Toda la alegría y la euforia que estaba sintiendo, fueron destrozadas y desaparecieron por el desagüe de mi alma. Aquellas palabras, pensándolo mejor, no fueron tan agresivas comparadas con las que pueden ser usadas cuando se tiene la intención de agredir a alguien, pero eso no importó.

El problema fue que creí en ellas. No fueron las palabras, sino la fe que deposité en ellas.

Al aceptar esas palabras y verme como un miserable, a pesar de ser hijo de un oficial de la Marina de Brasil, empecé a actuar como tal. Pasé a sentirme inferior a todos. Miraba las zapatillas de alguien y pensaba: ¡Qué pena! No puedo tener unas iguales a esas.

Yo estudiaba en un buen colegio, pero sabía que el colegio de algunos amigos estaba mejor catalogado que el mío.

Recuerdo que al verlos con el uniforme del colegio, yo siempre pensaba: "Un día, quién sabe, voy a estudiar allí...".

No se trata de lo que te hablan, sino de lo que crees.

Aquellas palabras, dichas sin maldad por mi amiga de la infancia, y otras frases más, tuvieron un efecto negativo muy fuerte dentro de mí. No solo contribuyeron para que todo se volviera un veneno, ¡sino que lo bebí y empecé a morir!

Créeme:

No vale la pena oír las palabras negativas respecto a ti.

Quien te ama te reprende, no te ofende.

¿Sabes lo que es curioso en el ser humano? Nosotros tomamos en serio las palabras negativas, muy en serio. Realmente consideramos que todo lo que hablan es para lastimarnos.

Lo contrario es raro que suceda, ¿te das cuenta? Es difícil creer lo que hablan positivamente sobre nosotros, al punto de poner por encima del elogio las palabras negativas que han lanzado a nuestras mentes.

Como dije en la introducción de este libro, usaremos la historia de Jesús para entender nuestro destino. Él escuchaba cosas buenas y malas mientras cumplía su misión en la Tierra. Fue tildado de Belcebú, de falso profeta, de perturbador de la paz y de cometer otras ofensas. Él escuchaba esto de personas comunes, pero también de personas relevantes como los fariseos, la principal facción judía de la época.

Pero las palabras en las que Él creyó fueron las que vinieron del cielo. Cuando fue bautizado en el río Jordán, surgió una voz de lo alto diciendo:

Este es mi Hijo amado, en quien tengo complacencia.
(Mateo 3:17)

Aquí aprendemos algo interesante:

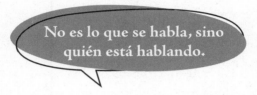

No es lo que se habla, sino quién está hablando.

Jesús prefirió creer y poner fe en las palabras del Padre, y no en las de los fariseos.

¿TÚ CREES EN LAS PALABRAS DE QUIÉN?

Como soy de origen protestante, hijo y nieto de pastores, mi destino parecía trazado. Entonces decidí estudiar teología y, por medio de la inteligencia bíblica, ayudar al máximo de personas que pudiera.

A causa de esa convivencia cristiana, recibí muchas palabras positivas acerca de mi futuro y comentarios como: "Dios tiene un plan para ti, y Él ciertamente cumplirá sus promesas en tu vida".

¿Promesas?

Sí, es lo que la Biblia dice a los que siguen sus enseñanzas. Es lo que ella garantiza que va a suceder si estás alineado con los principios milenarios e inmutables de la sabiduría eterna de Dios.

Mira esto: yo oía de mis padres "¡Hijo, eres hermoso!". Pero cuando alguien me llamaba "narinas" en la escuela (a causa del desvío de mi tabique), yo creía que era feo (a pesar de que mis hermanos hasta hoy concuerdan que realmente lo soy).

El *bullying*, como es conocido hoy en día, esas palabras y actitudes despectivas, marcaron la vida de muchas personas. Pero no se vence ese mal solo creando una ley y prohibiendo su práctica. Es posible vencerlo enseñando a las personas a protegerse emocionalmente de palabras negativas, entrenando nuestras emociones y blindándose contra los dolores inevitables de la vida.

Las palabras que decidimos "beber" son las que van a guiar nuestro destino.

¿Te acuerdas de alguna palabra que te dijeron y que causó en ti un efecto paralizante? ¿Has desistido de algún sueño u objetivo porque las palabras de algunas personas fueron capaces de desanimarte?

¿Cómo interpretar las palabras?

Miremos el caso de Saúl, el primer rey de Israel, que vivió en el año 1000 a. C. En aquel tiempo enfrentaba problemas: su ejército estaba asustado por un gigante del pueblo enemigo, los filisteos. El sujeto tenía cerca de tres metros de altura y hacía cuarenta días que estaba desafiando a toda la nación israelita. Los soldados del rey Saúl escuchaban las provocaciones, pero ninguno de ellos se atrevía a enfrentarse al gigante. Todos se sentían incapaces de luchar y solo toleraban la ofensa de aquel filisteo.

Un día, un joven llamado David, que vivía en la ciudad de Belén, a siete kilómetros de la actual Jerusalén, fue a pedido de su padre a entregar panes a los hermanos que pertenecían al ejército de Israel. Él solía llevar queso para los capitanes también. El padre de David, Jesé, ordenó que el niño llevara los aperitivos y volviera con noticias de sus otros hijos que estaban en la línea del frente de batalla.

En cuanto llegó al campo de guerra, el joven David descubrió la agresividad con la que el enemigo de Israel convocaba a cualquier luchador de su pueblo para combatir con él. Goliat era el nombre del gigante. Él era experto en guerras, había sido entrenado desde la infancia —ya que su diferencia estaba en su altura— y usaba los mejores equipos de la época en sus batallas.

David era muy nuevo y su función dentro de aquella sociedad era la de pastorear las pocas ovejas de su padre. Un trabajo muy diferente, convengamos, del realizado por un soldado. A pesar de eso, el pequeño tenía algunas historias para contar, y la poca edad contrastaba con la experiencia acumulada.

Al ver a Goliat desafiar a su pueblo, David se presentó para luchar contra el gigante. Para ganar la confianza del rey Saúl, contó que ya había enfrentado a un oso y un león que intentaron atacar al rebaño que él cuidaba. ¡David se mostró valiente!

Lo que tú ves como problema puede ser un entrenamiento para el siguiente nivel.

Saúl parecía no tener opción. Después de más de un mes de provocaciones, solo un hombre de Israel se dispuso a enfrentarse a Goliat: David. Por eso, el rey aceptó la oferta de aquel joven y sugirió que David utilizara la armadura real, un escudo y una espada. David incluso lo intentó, pero luego se negó a la sugerencia del rey.

Imagínate, hay personas que no saben decir "no" cuando el vecino pide dinero prestado. Otros no saben negar la solicitud de viaje en un día que es imposible viajar. Pero aquel adolescente de Belén dijo no al rey, pues sus experiencias en matar a un oso y un león no fueron con armadura y espada. Fue con una honda y con sus propios brazos.

Tu experiencia vale más que las buenas sugerencias.

Hay personas que intentan ayudarte y ofrecen sugerencias que, de hecho, te harán caer ante los gigantes de la vida. Debes tener en cuenta tu experiencia ante las batallas. Lo que tú ya sabes hacer vale más que las palabras de quien no sabe nada acerca del asunto.

El fin de la historia es mundialmente conocido: David derriba a Goliat con solo una pedrada y luego corta su cabeza con la espada del guerrero filisteo.

¿Cómo Saúl se convirtió en el otro Saúl?

Esto es solo la introducción de lo que voy a enseñar. Lo que sucedió después, la interpretación hecha por el rey Saúl ante las palabras del pueblo y de personas cercanas, determinó la situación de un reinado en donde la maldad, la persecución y las desgracias se tornaron rutina.

Después de la victoria de David, el joven pastor de ovejas se convirtió en celebridad en Israel y acabó siendo nombrado general del ejército. David hacía las ofensivas militares de Israel y muchas victorias comenzaron a suceder bajo su liderazgo.

Un día, el rey Saúl escuchó a un grupo de mujeres israelitas cantando a plenos pulmones: *"Saúl hirió a sus miles, pero David a sus diez miles..."* (1 Samuel 18:7).

Eran palabras en forma de música. Y las palabras se interpretan de acuerdo con el estado del corazón; quiero decir, de la manera en la que está tu vida emocional.

Saúl podría haber pensado al escuchar ese cántico: "¡Guau! ¡Qué bueno! Ahora tengo un joven para resolver mis problemas de guerra, luchar contra mis enemigos, dar un alivio para que pueda organizar el reino, edificar ciudades y administrar al pueblo". Sin embargo, el corazón de Saúl no andaba bien, sus emociones estaban desordenadas. Él interpretó aquel grito de las mujeres de la peor manera posible y pensó: "Ahora ese joven querrá tomar mi trono. ¡Es lo único que falta!"

Una de las mayores persecuciones de la historia del pueblo de Israel comenzó por una mala interpretación de palabras.

¡Me gustaría recordar que Saúl comenzó bien! Él era, de los hombros hacia arriba, el hombre más hermoso de Israel, dice la historia bíblica. Mucho antes de ser rey, él trabajaba cuidando las asnas de su padre, y fue en una de esas actividades corrientes que acabó siendo "encontrado" por el profeta de la época que, según la tradición judía, era la "boca de Dios" de aquella generación. Saúl había sido encontrado nada más y nada menos que por el profeta Samuel, el último de los jueces de Israel.

Así que Samuel estuvo delante de Saúl, una ceremonia fue realizada y Saúl se convirtió en el primer rey de la nación de Dios en la Tierra. Fue elegido como el primer rey de Israel.

¿Cómo alguien que comienza con una hermosa historia como esta, finaliza de la forma que terminó?

Las palabras en las que tú crees son solo los primeros ladrillos de la construcción. Saúl creyó y absorbió negativamente las palabras del pueblo, y no las de sus consejeros.

Cuidado con las palabras en las que has puesto tu fe.

Hay personas que comienzan bien, pero durante la caminata creen en las palabras de personas equivocadas.

2. ¿QUÉ PERMITÍ QUE ME INFLUENCIARA?

Como seres humanos, somos altamente influenciables. Un día de esos, en una de mis conferencias, pregunté si había solteros entre nosotros. Rápidamente algunos jóvenes se manifestaron con un sonoro "iahuuu!". Entonces, les pregunté: "¿Quién aquí sueña con casarse y pasar la luna de miel en París?". Varios levantaron las manos.

Escogí a una joven y la invité al escenario haciendo una segunda pregunta: "¿Realmente tienes el sueño de pasar tu luna de miel en París?".

Ella, sonriendo y claramente feliz con la posibilidad, respondió: "¡Sí, sí!".

Seguí preguntando: "¿Ya has ido a París?".

Ella me miró bajando un poco los hombros, frunciendo las cejas y dijo: "No, nunca estuve allí.

Insistí en preguntar: "¿Cómo soñaste pasar tu luna de miel en un lugar donde nunca has estado?".

El silencio en la platea hacía que se escuchara hasta la respiración jadeante de la joven.

Ella no supo responder. Entonces yo expliqué: "Bueno, es que desde niños asistimos a películas. Y cuando la película es en París, siempre tiene una pareja hermosa y apasionada que se besa frente a la torre Eiffel y cena a la orilla del río Sena. Nuestra mente es influenciada desde hace años por imágenes y sugerencias que inconscientemente moldean nuestra forma de pensar".

Siendo un poco más profundo, ni siquiera nuestros sueños son nuestros. Alguien plantó esa idea allí.

¿Tu sueño es realmente tuyo? ¡Reflexiona sobre eso!

¿Qué has permitido que te influencie? ¿Eventos negativos, recuerdos dolorosos, vergüenza del pasado, ambientes destructivos?

¿Quién influye en tus sueños y proyectos?

Cuando hablamos de "quién", hablamos de personas. Esto remite directamente a tus amistades, a tus maestros de la vida y, por supuesto, a tus enemigos.

¿Por qué deseas el futuro que deseas? ¿Es a cambio de una victoria personal o de una ganancia colectiva?

En Jeremías 29:11(NVI) está escrito:

"Porque yo sé muy bien los planes que tengo para ustedes —afirma el Señor—, planes de bienestar y no de calamidad, a fin de darles un futuro y una esperanza".

Ten cuidado de no "desear" mal. Algo mayor está obrando para que tu fin sea como tú esperas.

LA INTERPRETACIÓN DE LA VIDA

Interpretas las experiencias externas según el estado de tu corazón. En otras palabras, tu nivel de inteligencia emocional determina cómo entender lo que sucede a tu alrededor.

¿Por qué una persona que viene de una ciudad pobre del norte del país, tiene expectativas del futuro diferentes de las que tiene el hijo de un juez federal de la principal ciudad del país?

Los filtros mentales, que son la forma en que interpretamos los acontecimientos externos, fueron establecidos en nuestro subconsciente por la infancia que tuvimos y la realidad que vivimos. Luego, quien huyó de la pobreza, jamás tendrá la misma expectativa de quien fue creado en "abundancia". Pero no te engañes. Las posibilidades pueden ser iguales, aunque las expectativas sean diferentes.

El rey Salomón dijo cierta vez en su libro de Eclesiastés 9:11: *"tiempo y **ocasión** acontecen a todos"*.

La verdad es que no hay nada que hacer.

Es claro que el ambiente al que te expones tiene la ventaja de plantar una semilla en la tierra fértil de tu mente. Allí brotan ideas y proyectos que te pueden levantar o derribar para siempre.

> Los ambientes no te definen, los ambientes pueden sembrar ideas que pueden definirte.

Recientemente escuché de un amigo el caso de Pedro, hijo de doña Marli, que vendía helados en la plaza del barrio hace veinte años. Pedro siempre fue desinteresado por los estudios, andaba con desempleados, vivía en el bar de la esquina y llegó a ser informante de la policía del barrio, porque como no hacía nada, quedaba observando la vida de todos por allí.

Hasta que un día, uno de sus amigos sugirió que ellos hicieran una prueba para el Instituto Desipe (unidad de seguridad penitenciaria de Aracaju, en Sergipe, Brasil). Como tuvo compañía para estudiar y enfocarse en el salario, acabó preparándose lo suficiente para pasar en el concurso.

Una vez dentro de la institución, ideas buenas y malas comenzaron a llegar como semillas en su mente y en su corazón: ideas negativas, de corromperse dentro de la unidad, e ideas buenas, sobre cursar la facultad de Derecho, como la mayoría hacía, con el objetivo de pasar en el concurso de la Policía Federal.

Con el tiempo, Pedro se enamoró de una agente que estaba estudiando Derecho. Entonces, la semilla que germinó no fue la de corrupción, sino la de preparación para el futuro.

Hoy, Pedro, el hijo de la señora que vendía helado, es agente federal, bien casado y un hombre de bien.

Los ambientes plantan semillas y las semillas son ideas.

¡Escoge aquellas que van a fructificar mejor en tu vida! Lo entenderás mejor en el capítulo "Personas y libros".

USAR LAS EXPERIENCIAS NEGATIVAS PARA ENTENDER TU FUTURO

Entrevisté a muchos policías de Río de Janeiro para entender por qué resolvieron entrar en una institución con fama de corrupción y realizar un trabajo extremadamente peligroso.

La mayoría respondió que fueron humillados en la infancia, maltratados por colegas mayores, sufrieron algunas injusticias y fueron abandonados por sus padres. Para compensar ese dolor, para tratar de lidiar con las debilidades y exposiciones del pasado, esas personas entraron a la policía.

Martin Luther King Jr. (1929-1968) no nació un revolucionario, fue moldeado por su padre. Las experiencias negativas con la segregación racial colocaron a aquel joven negro en el rumbo de su destino.

Mira, por ejemplo, lo que ocurrió en diciembre de 1955, en Montgomery, estado de Alabama, en los Estados Unidos. En aquella época, el racismo era institucionalizado en algunos estados norteamericanos. Eso mismo. Las leyes prohibían a los negros frecuentar lugares destinados exclusivamente a los blancos. Una de esas normas vigentes en Montgomery decía que los negros deberían sentarse solo en la parte trasera de los autobuses. Si el vehículo estaba lleno, el negro estaba obligado a ceder el lugar a cualquier blanco.

Es decir: si un negro estuviera sentado, siguiendo su viaje tranquilamente, y surgiera un hombre, una mujer o un niño blanco, el negro tendría que levantarse.

Solo que una mujer negra se insurreccionó contra la ley. Cansada de la discriminación por su color de piel, Rosa Parks (1913-2005), una costurera de 42 años, se negó a dar su lugar a un blanco. Esto ocurrió el 1 de diciembre de 1955. El desdoblamiento del caso fue tan absurdo como era aquella ley.

Rosa Parks fue detenida y multada por negarse a dar su lugar en el autobús. La prisión revolcó a la comunidad negra y acabó siendo el gatillo del surgimiento redentor de la lucha por los derechos civiles. Fue a partir de la prisión de Rosa que el reverendo Martin Luther King Jr. (1929-1968) comenzó a organizar un boicot en masa contra los autobuses de la ciudad. La lógica era la siguiente: si el negro no era tratado de forma igual en los autobuses, entonces el negro no iría más de autobús.

El boicot duró 381 días, por lo tanto más de un año. En aquel período, el negro que tenía carro compartía llevando a sus vecinos, amigos e incluso desconocidos. Muchos también iban a pie de casa al trabajo y del trabajo a casa. No importaba la distancia, sino la lucha.

Repara bien. La prisión de Rosa Parks provocó el compromiso de Luther King Jr. Aquella prisión podría haber llenado a los negros de miedo. Al fin y al cabo, si prendieron una persona, pueden arrestar otras. Pero ese sentimiento no contaminó a Martin Luther King Jr., que en aquella época tenía solo 26 años.

Los negros fueron unidos a las calles y el movimiento surtió efecto. Alrededor de un año después, en diciembre de 1956, la Corte Suprema de Estados Unidos declaró que eran inconstitucionales las leyes que segregaban negros y blancos en los autobuses del estado de Alabama. ¡Qué victoria! Después de ese episodio, el doctor King ganó proyección nacional e internacional. Su vida es parte de la historia del siglo XX.

VOLVER A LOS AMBIENTES

¿Los entornos influencian tu destino?

Respondo con otra pregunta: "¿Quien nació y vivió toda su vida en una comunidad carente será necesariamente un traficante?".

Si miras el noticiero del día a día pensarás que sí. Pero si entras en una comunidad y conoces a quien vive allí, serás capaz de percibir que es solo una pequeña minoría la que anda en el camino del crimen.

No es el ambiente el que te define, sino el volumen de ese ambiente que permites que te influencie.

¿Has visto a alguien nacer en una familia rica y acomodada y morir sin un centavo?

¿Los entornos definen destinos o siembran ideas sobre él?

3. LA MATERIA PRIMA QUE TENGO

Todos nacemos con una habilidad natural. Yo lo llamo materia prima. Algunos prefieren llamarla DON.

"Dios es eterno y, en todo este tiempo siendo Dios, nunca ha hecho una mesa. No hay relato en que Él haya hecho una silla. Dios hizo el árbol, la materia prima para crear lo que queramos a partir de ella" (TD Jakes).

En una de mis conferencias alrededor del mundo, pregunté al público quién sabía tocar la guitarra. Muchos levantaron las manos. Entonces, continué: "¿Quién aquí toca la guitarra muy bien y es reconocido por eso?".

Unas cuatro personas continuaron con las manos levantadas.

Entonces, insistí: "¿Cuál de ustedes ha aprendido a tocar estudiando en un conservatorio?".

Solo uno continuó con las manos levantadas. De cuatro personas, solo uno tuvo que aprender a tocar el instrumento, las otras tres nacieron con esa habilidad.

De la misma forma, nadie aprende en un conservatorio de música a cantar afinado. Tú eres o no eres afinado. En la escuela de música aprendes técnicas para potenciar lo que ya sabes hacer naturalmente. Eso es materia prima.

Cuando descubres lo que sabes hacer naturalmente bien, ese es otro paso en el descubrimiento de tu destino.

En general, tu futuro está ligado a las cosas que naciste con inclinación para hacer. En la teología lo llamamos don. ¡Un regalo divino para ti!

Hay habilidades naturales y otras aprendidas. Ambas son importantes para tu futuro.

En la primera prueba para entrar en un equipo de élite de la policía de Río de Janeiro, el ejercicio es complejo.

Por la madrugada, despiertan a los candidatos y todos son lanzados en un río frío y profundo. Asustados por la oscuridad, con el frío y sin colocar los pies en el suelo debido a la profundidad, muchos se desesperan y piden salir. Otros se desmayan de terror, otros lloran y gritan sin parar. Sin embargo, una parte queda parada y sobrevive callada.

Toda esa experiencia coopera para seleccionar quién será un policía de élite, pues mantenerse tranquilo en una situación de extremo peligro debe ser, ante todo, la materia prima del soldado.

Los policías me relataron que en esa "guerra civil" trabada en la ciudad de Río de Janeiro, los policías son probados en todo momento.

En varios enfrentamientos con traficantes, miembros del equipo policial que avanza en la favela temen el ruido de los tiros y no soportan la sensación de muerte. El miedo los toma, y ellos, literalmente, entran en shock antes incluso de quedar cara a cara con los bandidos.

Quien no identificó su habilidad natural para hacer lo que necesita ser hecho, puede dificultar la vida de quien sabe lo que tiene que hacer. Hay personas que dicen: "No tengo ninguna habilidad natural", pero no es la verdad.

QUERIDO LECTOR, eso no es posible. Lo que es posible es que nunca hayas tenido la oportunidad de excavar dentro de ti hasta encontrar tu habilidad natural.

Hay varias maneras de hacer esta búsqueda. En los casos de grandes cantantes del escenario mundial, como las norteamericanas Whitney Houston (1963-2012) y Katy Perry, ellas crecieron en ambientes de iglesias que poseían coral de voces, grupo de música, oportunidades e incentivos musicales.

Hay también ejemplos como la brasileña Sandy, que hizo un dúo con el hermano Junior por años. En el caso de ella, fue el ambiente de su casa —su padre es un famoso cantante brasileño— que provocó la excavación interior hasta que el don fue encontrado.

Entonces, créelo: el ambiente al que has sido —o estás— expuesto puede frenar o acelerar el proceso de descubrimiento de tu materia prima.

Nuestra capacidad intelectual es limitada y no conseguimos escoger los ambientes que vamos a frecuentar pensando en el futuro, principalmente cuando somos niños y adolescentes.

Es por eso que algo mayor siempre está conspirando a nuestro favor.

Constantemente, la fuerza divina nos alinea con el destino correcto.

EJERCICIOS

- ❖ ¿Cuáles fueron las palabras que marcaron tu vida, positiva o negativamente?

- ❖ ¿Quién las declaró?

- ❖ ¿Creíste en ellas?

- ❖ ¿Permitiste que alguna experiencia fuera un divisor de aguas, positiva o negativamente?

- ❖ ¿Ya descubriste cuál es tu habilidad natural, tu materia prima?

- ❖ Escribe en pocas líneas quién serás de aquí a cinco años.

2

Zona de expulsión

Un plan trascendental de conspiración divina

Mis enemigos no tenían idea de lo que hacían cuando me expulsaron de mi zona de confort, directo a mi destino.

Tiago Brunet

Hay una idea popular de que el destino es una fuerza cósmica, que viene del más allá, contra la cual no podemos hacer absolutamente nada. El sentido común asume que lo que esa fuerza manda o determina, sucede. En el mundo árabe, por ejemplo, lo llaman "Maktub", que quiere decir: "Todo ya está escrito".

En el entendimiento de muchos en Oriente, solo seguimos el flujo de este karma, aguardando para ver hasta dónde nos llevará. Pero, por lo que descubrí y estoy viviendo, no es así como funciona.

El destino no es una fuerza oculta que ciegamente determina nuestro camino con fracasos y éxitos, caídas y progresos. Hay, sí, intervenciones humanas que pueden desviar rutas ya trazadas. También debemos considerar que no somos nosotros quienes, simplemente, determinamos nuestro propio destino: de alguna manera nos elige. Solo que nuestras decisiones −y presta atención a esto−, pueden cambiar el plano trascendental. Sí, los cielos pueden conspirar a tu favor y, aun así, aunque inconscientemente, puedes rechazar ese plan.

Muchos de nosotros, involuntariamente, fuimos "expulsados" de nuestra zona de confort, de nuestro lugar de seguridad, de nuestros orígenes. Y sin ese "empujón", jamás viviríamos nuestro destino.

Lo que llamo "conspiración divina" es la fuerza que nos "desvía" hacia el camino correcto cuando insistimos en tomar los atajos sombríos para nuestra existencia. Podemos tener la intención de ir a algún lugar, pero eso no quiere decir que llegaremos allí. ¿Estás de acuerdo?

Hay obstáculos en el camino de la vida que no conocemos previamente. Por eso, refuerzo la importancia de consultar a quien nos ha visto en el futuro: el Arquitecto de todo, Aquel que escribe el futuro, nuestro GPS.

¡Escucho siempre decir que Dios tiene el lápiz y nosotros la goma!

Hago muchos planes de bien para mis tres hijos. Escribo el futuro profesional de ellos, sueño con la prosperidad y la relevancia de cada uno. Pero nada de eso garantiza que ellos no puedan usar el caucho de sus decisiones para borrar lo que escribí. Todos pueden reescribir su futuro. Y eso sirve tanto para el bien como para el mal.

LA TEORÍA

A lo largo de los años, trabajando con personas que buscan ajustar sus vidas, equilibrar sus potenciales y desarrollar sus talentos, a fin de encontrar realización personal y profesional, desarrollé una teoría que se llama Zona de Expulsión.

Llegué a esa conclusión después de estudiar profundamente la vida y la trayectoria de varios personajes bíblicos y de héroes modernos, comparando y observando cómo ellos también fueron blanco de esa involuntaria expulsión. Y ese movimiento, que en aquella hora parecía nocivo para ellos, fue el que los colocó en el lugar exacto del éxito y de su promoción personal.

Aunque habían trabajado para un fin determinado, muchos de ellos, aun reuniendo capacidades y habilidades especiales, no tuvieron éxito por sí solos. Fue necesario su encuentro con la "conspiración divina" para que las cosas realmente sucedieran.

En este capítulo quiero dar algunos ejemplos notorios que van a hacer madurar tu forma de ver ciertos acontecimientos.

El acto de expulsión se da bajo determinadas circunstancias, como la preparación personal vinculada a esa conspiración divina. Es decir, una acción sobrenatural se ejerce sobre la vida de la persona.

Para que desde ahora ubiques tu pensamiento alineado a este raciocinio, extraje de la historia algunos ejemplos incuestionables: el caso de José de Egipto, que fue vendido por sus propios hermanos; el caso de David, cuando fue general del ejército de Israel y perseguido por el propio rey; y el caso de Martin Luther King Jr., líder de la lucha por los derechos civiles de los negros en la América blanca y racista, un héroe moderno que fue expulsado para el interior de su destino.

Durante el proceso de desentrañar tu destino, necesitarás entender que, en general, salir del lugar y de tu ambiente de origen, dejar la posición en la que sientes confianza y comodidad (al menos, comodidad emocional), es un indicativo de que estás a punto de ser lo que has nacido para vivir.

Hay personas que se rehúsan a dejar la posición de siempre por varios motivos: inseguridad, miedo a lo desconocido, por imaginarse incompetentes a dar el siguiente paso, por temor a exponer la propia imagen ante la sociedad y, con ello, ser juzgadas.

Son varios los factores que sostienen a una persona en su lugar de origen, y es por eso que ellas necesitan una "expulsión". De lo contrario, quedarían estancadas y jamás avanzarían, aun teniendo condiciones para ello.

> Un hombre ciego no necesariamente está perdido. Hay otras formas de ser conducido a Tu destino más allá de la visión. Cuando no veamos el siguiente paso, podemos ser guiados de forma divina por otros estímulos para encontrar el camino correcto.

David era solo un pastorcito de las pocas ovejas de su padre, y después de una gran victoria, como hablamos anteriormente, se convirtió en general del poderoso ejército de Israel. Ese fue un salto, tanto de estatus como de popularidad.

¿Crees que después de eso él todavía aspiraría a ser rey? "En un equipo ganador, nada se cambia", dice el dicho popular. Si Saúl, el entonces rey de Israel, no lo hubiera perseguido y expulsado de Israel, él hubiera sido para siempre solo un oficial del ejército. Y el próximo rey, probablemente, hubiera sido un hijo de Saúl.

Cuando estaba desarrollando la Teoría de la Zona de Expulsión, analicé mi propia experiencia y vi que yo también había experimentado ese cuadro en mi trayectoria.

MI ZONA DE EXPULSIÓN

Las conexiones personales más preciosas para mí estaban en la ciudad de Río de Janeiro, donde viví casi toda mi vida.

Mi seguridad emocional estaba anclada en esta ciudad maravillosa. Mi trabajo y fuente de sustento, mis lazos familiares y mis amigos más íntimos estaban allí.

Mi estilo de vida era carioca (en verdad, carioquísimo). Nunca pensé en dejar mi Río de Janeiro. El estar allí era cómodo desde el punto de vista emocional, social y económico.

Era agradable vivir cerca de mis padres, ver regularmente a mis amigos de infancia y trabajar en la empresa que fundé años atrás. En Río de Janeiro sentía que todo estaba en orden. Sin progreso, pero en orden. Hasta que las cosas empezaron a desmoronarse.

No entendí nada. ¡Fue todo muy rápido!

La empresa perdió el rumbo, los negocios comenzaron a caer, mis amigos simplemente desaparecieron, otros me traicionaron. Las deudas aparecieron, me procesaron varias veces, mi nombre comenzó a ser vilipendiado, y las personas me miraban a la distancia y susurraban en los rincones.

¡Todo se hizo insoportable!

No sabía qué hacer. Estaba desesperado y sentía que no era justo. Me preguntaba a mí mismo: "¿Qué hice?". Le reclamaba a Dios: "¿Me lo merezco?".

Después de nueve meses de presiones, difamaciones y chismes, no solo perdí la empresa y mis amigos, sino que hasta personas de la iglesia que yo frecuentaba, lugar que debía ser refugio para mi sufrimiento, conspiraron para mi expulsión.

En medio de toda esa quiebra financiera, social y emocional, fui a Sao Paulo invitado por un amigo que vivía en la ciudad. Él me llamó porque sabía que yo había estudiado sobre desarrollo personal en los Estados Unidos y me desafió a dar un entrenamiento a su equipo (fue uno de los primeros que realicé sobre coaching).

Hacía poco tiempo que había terminado la maestría en Orlando, Florida, y me llegó esta invitación para que, semanalmente, instruyera a un grupo de empresarios en esa metodología que se hacía cada vez más fuerte en Brasil.

Entendí que algo mayor estaba al frente de toda esa desesperación y también de la oportunidad de salir adelante. Comprendí la conspiración a mi favor.

Pedí algunas señales al Arquitecto del Destino. Oré para que Él me señalara si yo estaba en el camino correcto esta vez. Las señales llegaron de varias e incontestables formas y, aquella misma semana, me mudé con toda mi familia a Sao Paulo.

No escogí a Sao Paulo, ¡el destino me escogió!

En algún momento de cada historia personal, estamos llamados a caminar por la carretera y tomar el rumbo que nos llevará al futuro. Es una invitación inesperada, pero que cambia toda nuestra trayectoria.

¡El destino es todo!

No quiero anticipar la historia de los judíos que será vista a continuación, pero ¿sabes quién fue la persona que dio origen al pueblo judío? Fue el patriarca Abraham, alrededor de 1800 a. C.

Hoy, cuando miramos esa potencia y tesoro de innovaciones científicas y tecnológicas que es el pueblo judío, necesitamos dar crédito a ese hombre llamado Abraham, que también fue blanco de la conspiración divina y tuvo que ser expulsado de su zona de confort.

¿Y cómo sucedió esto? Los judíos surgieron en el escenario internacional del mismo modo que todas las personas que experimentan lo que llamo la Teoría de la Zona de Expulsión: Abraham fue llamado a entrar en la carretera y partir hacia una tierra que él desconocía.

Abraham se casó con Sara. Él era un hombre mayor para nuestros estándares, pero escuchó y obedeció a una voz que le orientó a iniciar una caminata, un viaje. Él ya era viejo y podía haberse quedado donde estaba. Hubiera sido más cómodo.

Pero él decidió seguir lo que la voz le dijo y salió de su zona de confort, rompiendo lazos en tres áreas fundamentales:

1. Su hogar primario: padres y hermanos.

2. Los vínculos familiares más cercanos de su núcleo familiar.

3. Sus amigos y relaciones sociales más amplias

Pero Jehová había dicho a Abram: Vete de tu tierra y de tu parentela, y de la casa de tu padre, a la tierra que te mostraré.

(Génesis 12:1)

La providencia divina no mostró a Abraham el rumbo de su nueva trayectoria. No había un "mapa de la mina", una brújula, un GPS o Waze. El desafío era romper personalmente los lazos, tomar la iniciativa y dar el primer paso.

El plan trascendental no mostró nada a Abraham hasta que saliera del lugar de origen. Esto es fantástico y sirve para enseñarnos que el primer paso es una decisión personal. Es importante saber que podemos tomar decisiones. ¡Tenemos el libre albedrío!

¡Tener fe es dar pasos en la oscuridad creyendo que no caerás!

Normalmente las elecciones son hechas por personas que reúnen condiciones para hacer evaluaciones preliminares de riesgo y beneficio. Entonces, cuando somos desafiados o "expulsados", tenemos la primera gran oportunidad o circunstancia de convencernos de que ya reunimos las primeras herramientas para el éxito en la jornada que vamos a empezar.

La persona que no entra voluntariamente en la carretera hacia su destino necesita ser expulsada hacia ella. Alguien o algo deben dar un "empujón". ¡Forma parte de la conspiración divina a tu favor!

Para y piensa sobre tu Zona de Expulsión: cuando fuiste despedido del trabajo sin motivo alguno; cuando no hiciste nada y, aun así, fuiste perseguido; cuando empezaron a odiarte porque tenías algo mejor o diferente que todos a tu alrededor. ¿Recuerdas algo así en tu vida?

Es lo que yo siempre digo

Las personas provenientes de países diferentes me buscan para preguntar: "Tiago, ¿nuestro destino está trazado o podemos construirlo?".

Ante esta pregunta, siempre respondo:

"¡Las dos cosas!"

Creo que cada persona nace con un destino profético específico. Cuando las personas están en el camino correcto de su peregrinación aquí en la Tierra, tenemos familias sanas, empresas de alto nivel, una sociedad más próspera y avanzada. ¡Tenemos un destino alineado y una humanidad en evolución!

Cuantas más personas atienden su vocación profética y sirven en aquello que fueron llamadas, más rica es la experiencia y más valores ellas producen juntas.

Estoy convencido de que hay cosas en este mundo que solo tú (tú mismo que estás leyendo este libro) eres capaz de realizar.

Hay una historia individual que realizar en la Tierra para cada uno de nosotros, una historia por la cual TODOS seremos beneficiados.

Si cada uno de nosotros se integra a la historia usando nuestros mejores talentos, con el vigor que Dios nos da, ¿qué nos impedirá construir un mundo mejor?

Haremos la diferencia en nuestra generación, en nuestro tiempo y celebraremos tiempos mejores que los que se han vivido hasta hoy. ¡Es solo creer!

Tus decisiones pueden potenciar o paralizar este plan trascendental para tu vida.

No soy un gurú o profeta futurista, pero hablar diez minutos con alguien me permite predecir el destino de esa persona. No se trata de algo místico que llevo conmigo, pero las estadísticas no fallan, y yo conozco algunas pesquisas, y hasta desarrollé un sentido de anticipar determinados resultados.

Además, hay mecanismos para probar lo que estoy hablando. Para ello, me pregunto:

- ❖ ¿Cómo te ves dentro de quince años?

- ❖ ¿Qué estás haciendo hoy para que ese "sueño" acontezca?

- ❖ ¿Cuál es el propósito que resume todo lo que haces?

- ❖ ¿Quiénes son tus mentores?

Entonces, haciendo una evaluación mental rápida de las respuestas que recibo, es muy fácil averiguar si la persona ya está "rumbo al lugar deseado" —que es el título de uno de mis libros— o si todavía está en su zona de confort y necesita ser expulsada de allí.

Si tu destino es ser presidente de la República, voy a descubrir eso exponiendo con quién caminas, quiénes son tus mentores, cuál es tu propósito de vida y cómo te ves de aquí a quince años. ¿Lo entiendes?

"No te veo, dentro de quince años, como presidente", si tus mentores no son políticos o pensadores, si tu propósito de vida no es servir al colectivo, si no estás trabajando desde ahora para que tu sueño se realice. ¿Lo ves?

El destino es todo.

Considera lo siguiente: la Teoría de la Zona de Expulsión solo es válida cuando no hiciste nada que te arrojara a la carretera. Hay personas que son perseguidas y expulsadas de sus lugares de confort, porque están cosechando lo que plantaron. Las leyes (naturales y espirituales) existen y estamos sujetos a ellas.

Si no entiendes el motivo de tanta persecución, calumnia, difamación e invitaciones para retirarte de donde estás en el presente, es probable que estés viviendo en esa zona. En otras palabras: estás muy próximo a ser catapultado hacia tu destino.

Cuando esto suceda, debes saber que algo más grande está actuando sobre ti para que alcances tu destino.

A continuación, quiero dar algunos ejemplos históricos de personalidades mundialmente conocidas que tuvieron la experiencia de ser expulsadas de su zona de confort y seguridad.

Jesús fue expulsado de Nazaret

Hoy en día, muchas personas saben que Jesús fue apodado nazareno por haber venido de la ciudad de Nazaret. A pesar de haber nacido en Belén, fue criado en Nazaret, una ciudad que actualmente tiene cerca de 70 mil habitantes, ubicada al norte de Israel.

En los tiempos de Jesús, Nazaret era una aldea minúscula e insignificante. Nada que pudiera tener algún valor histórico, religioso, económico o político había surgido en aquel lugar. Pero eso cambió cuando Jesús fue a vivir allí.

En la época, Palestina ya pasaba por momentos de tensión, con revueltas populares, desempleo, acción de milicias e intentos de rebelión contra el gobierno extranjero del Imperio Romano.

Jesús era el nombre que podría revertir aquel panorama a favor de los judíos. Esta era una misión muy difícil y específica. No era para nadie, solo para Él. La secuencia de la historia de la expulsión de Jesús es la siguiente: Él oyó que Juan estaba bautizando y se fue a la región del río Jordán.

Después de ser bautizado en las aguas del río Jordán, Jesús siguió hacia un retiro espiritual por cuarenta días en el desierto de Judea. En realidad, allí tuvo experiencias y la preparación que lo habilitarían para el inicio de su misión. Pero, en vez de partir en una jornada hacia la capital del país, Jerusalén, Jesús regresó a la pequeña aldea de Nazaret.

En el Evangelio de Lucas, capítulo cuatro, es posible leer que Él comenzó a circular por las ciudades en la región y su fama fue aumentando día tras día.

Es interesante que observes ese punto. La fama alcanzada por Jesús en la región podría haberlo seducido. A pesar de ese acoso, Él no estaba encantado con la recepción y con ser solicitado por sus compatriotas. Tenemos que estar atentos para que no seamos víctimas de una fama inicial que puede obstaculizar nuestra ruta, alejándonos del éxito mayor que viene por delante.

Entonces, en un sábado, que es el día reservado para las actividades religiosas de los judíos, Jesús entró en una sinagoga, donde todos se reunían una vez por semana para estudiar los textos sagrados. En aquel lugar, Él recibió el libro escrito por un profeta y leyó el siguiente fragmento:

> *El Espíritu del Señor está sobre mí, Por cuanto me ha ungido para dar buenas nuevas a los pobres; Me ha enviado a sanar a los quebrantados de corazón; A pregonar libertad a los cautivos, Y vista a los ciegos; A poner en libertad a los oprimidos; A predicar el año agradable del Señor.*
>
> (Lucas 4:18-19)

Esta era una profecía que se había escrito setecientos años antes. El momento era especial y había llegado la hora de que los judíos y toda la nación retomaran el poder si hubieran podido hacer una lectura adecuada y correcta de su tiempo, y de lo que estaba sucediendo con ellos.

Pero ¿quién podría hacer esa lectura correctamente?

Solo reconoces lo que entiendes.

Es posible que esperes algo grandioso, liberador, avasallador, algo que cambie tu vida por completo y de una vez por todas. Cuando eso sucede o está a punto de suceder, no puedes hacer una lectura correcta de los hechos.

Tú no eres capaz de entender las circunstancias que te rodean, incluyendo tus acciones, esfuerzos, energías y expectativas. A veces, incluso interpretas negativamente lo que sería la catapulta para tu futuro.

En ocasiones observo a las personas que pasan mucho tiempo esperando algo específico, pero su propia expectativa las deja ciegas ante los hechos. La persona se concentra en la expectativa, se enfoca demasiado en el blanco y se olvida de mirar alrededor y hacer una lectura realista del desarrollo de su vida. Son personas que fijan su vista en un punto en el infinito, y no quitan sus ojos de allí para mirar al lado, hacia aquello que está siendo construido por ella y por aquellos que quieren su bien y esperan por su éxito. Después de todo, la vida pasa a su alrededor.

Es triste eso, pero es más común de lo que pensamos.

Recuerda:

El destino se celebra si el proceso valió la pena.

No necesitas estar solitario y sufrir. Mantén el enfoque, pero vive la vida mientras persigues tus metas. ¡Haz que el proceso valga la pena!

Volvamos al episodio de Jesús. Después de leer ese texto sagrado y decir que aquellas palabras proféticas se estaban cumpliendo y que, por lo tanto, el tiempo de conmemoración había llegado, los judíos que lo oían se rebelaron por considerar a Jesús petulante y pretensioso.

¿Cómo podría él, un pobre judío de Nazaret, que venía de una aldea insignificante, atribuirse para sí el título de libertador de un pueblo milenario?

Mal sabían aquellas personas que Jesús estaba hablando la verdad, porque sus ojos estaban empañados por las condiciones sociales: nada bueno podría venir de Nazaret, ningún artesano o carpintero podría realizar una revolución militar o política, ningún anónimo sería capaz de romper con el poder religioso de la capital Jerusalén.

Y así, esos adversarios persiguieron a Jesús, lo arrastraron hasta una colina para arrojarlo de allí, pero Él logró escapar.

La expulsión de Jesús por los habitantes de Nazaret marcó el inicio de su caminata por otras ciudades. El paso siguiente fue dado en Capernaúm, donde él realizó muchos de sus milagros y montó la base de su ministerio. De Capernaúm la fama de Jesús corrió hacia Siria.

¿Lo entiendes?

Cuando los vecinos insistieron para que se quedara en la ciudad, Él respondió:

Es necesario que también a otras ciudades anuncie el evangelio del reino de Dios; porque para esto he sido enviado.

(Lucas 4:43-44)

Los habitantes de Nazaret perdieron, pero fue así como el mundo ganó.

David fue expulsado del palacio de Israel

Si el plano trascendental diseña el destino, entonces será necesario que ocurra una expulsión, provocada por algo mayor, para que el destino sea alcanzado. Los seres humanos se acostumbran con comodidad y con el orden cuando todo va bien. Por eso, la Zona de Expulsión es una etapa obligatoria para quien tiene un destino profético.

La conspiración divina por el destino de David decía que él era "el" rey entre todos los reyes de Israel. Esa fuerza afirmaba que David sería el rey que gozaría de mayor respeto entre los israelíes y los judíos hasta el día de hoy.

En Israel, la persona responsable de nombrar reyes en aquella época era Samuel, un profeta, como hablamos anteriormente. Él era un hombre respetado por escuchar la voz del Dios de Israel. Y fue él quien recibió la incumbencia y realizó la ceremonia, dando a David las credenciales para ello, aun Saúl ocupando el cargo de rey.

En aquel tiempo, Saúl reinaba en Israel, pero era un rey débil, desorganizado e inepto. A diferencia de él, David era dinámico, tenía visión de futuro, era carismático, intrépido y espiritualmente avanzado a su tiempo.

Pero David estaba en el lugar equivocado para que las cosas sucedieran. Era necesario sacarlo de allí. Era necesaria una expulsión. Él, por sí solo, jamás tomaría el reino. Ciertamente, no movería una paja para que algo sucediera.

Pero, ¿cómo podría un pastor de ovejas malolientes, que pasaba los días alejados de los centros de poder y de toma de decisiones, convertirse en un histórico rey?

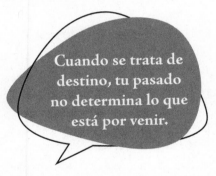

Cuando se trata de destino, tu pasado no determina lo que está por venir.

Fue ahí donde uno de los peores enemigos vino a atacar a los judíos: el pueblo filisteo. Nadie en Israel podía superarlos en un combate hombre a hombre, hasta que David, un frágil adolescente, se sintió ofendido con la afrenta hecha por uno de los enemigos. Y más: vio que ninguno de los soldados de la nación asumía una actitud.

Pasando por encima de la jerarquía militar, David se lanzó en el campo de batallas y dejó a todos desesperados, porque pensaban que sería aplastado por el soldado filisteo llamado Goliat.

Lo que nadie sabía era que David tenía experiencias personales que marcarían la diferencia en el momento oportuno. Él había sido pastor de ovejas y como tal necesitó proteger su rebaño, liberándolo de ataques de leones y de osos. Eso nadie lo sabía, y hacía la diferencia en el joven.

¿Cómo había vencido a un león y un oso? Con una técnica propia.

Y esa técnica, ahora sería aplicada en la lucha contra el gigante Goliat. En el momento en que se produjo un golpe, David derrocó al soldado de casi 3 metros de altura y, al volver del campo de batalla, las mujeres comenzaron a cantar y bailar en su homenaje: *"Saúl mató a sus miles, ¡pero David sus diez miles!"*.

El pequeño David era un héroe. Él había matado al gigante que estaba desafiando y amedrentando al ejército de Israel. Era para ser exaltado por todos. Solo que, como hablamos en el primer capítulo, aquella frase, cantada a plenos pulmones en Israel, irritó a Saúl. Y de allí en adelante, el entonces rey de Israel pasó a envidiar y a planificar la muerte de David.

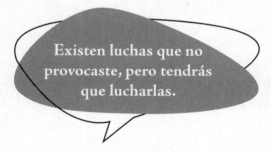

Existen luchas que no provocaste, pero tendrás que lucharlas.

Al día siguiente, David estaba en el palacio del rey tocando un instrumento musical a petición del propio Saúl, cuando este intentó acertarlo con una lanza dos veces. El proceso de expulsión había comenzado hasta que Saúl *"lo alejó de su presencia, nombrándolo jefe de mil soldados para que dirigiera al ejército en campaña"* (1 Samuel 18:13 NVI).

David tenía preparación, pero estaba invisible detrás de un rebaño de ovejas. Él tenía la técnica, pero no tenía la oportunidad. Entonces, cuando la situación es esa, solo algo superior, el Arquitecto de la obra de nuestra vida, es capaz de catapultarnos hacia nuestro destino.

Dios tiene interés en que vivamos nuestro propósito aquí en la Tierra.

David fue rey de Israel cuando la nación era más un imperio internacional que un pequeño país en Oriente Medio, y su reinado duró cuarenta años.

Y eso es lo que le sucedió a David y a otros héroes bíblicos y contemporáneos.

José fue expulsado de su familia y de su nación

Uno de los personajes de la historia que más me gusta estudiar y del que consigo sacar muchas lecciones de vida es José, hijo de Jacob, más conocido como José de Egipto. José se asemeja a David por ser el más joven entre varios hermanos y por ser de una familia de ganaderos.

La Teoría de la Zona de Expulsión parece haber sido construida para ser aplicada a su vida. José sufrió dos expulsiones fundamentales para que saliera del núcleo de su familia y alcanzara la cima del mundo. José salió del medio de una familia de nómadas mesopotámicos para liderar el imperio egipcio en su período de oro.

¿Cómo sucedió esto?

Sufriendo expulsiones de su zona de confort y seguridad.

Es decir, si supiéramos por lo que tendríamos que pasar para alcanzar nuestro destino, desistiríamos de todo. Por eso, la Zona de Expulsión es obligatoria. Es la única forma de realmente ir a donde deberíamos estar.

La primera expulsión se produjo cuando sus hermanos llevaban a los rebaños del padre a pastar en campos muy lejanos de casa. Jacob mandó que José llevara comida a los hermanos, que tenían envidia del menor, pues él era consentido por los padres.

Ellos sospechaban que José sería un heredero que tendría algunos privilegios más, ya que desde temprano el pequeño solía obtener los mejores regalos.

Estimado lector, siempre te perseguirán frenéticamente si tienes estas tres cosas que eran parte de la vida de José, según Génesis 37: 3-5:

❖ Ser muy amado por alguien

❖ Tener un manto colorido (algo especial)

❖ Tener un sueño

Cuando los hermanos de José lo vieron venir de casa con comida para ellos, planearon matarlo lejos de la vista de su padre. Sin embargo, el hermano mayor, temiendo los efectos de ser cómplice de un asesinato, sugirió arrojarlo en un pozo y dejarlo allí a la suerte.

En el instante en que resolvieron ejecutar el plan, pasó por el camino una caravana de mercaderes que seguía hacia Egipto. Entonces, los hermanos de José cambiaron de idea y resolvieron venderlo como un esclavo. José fue prácticamente expulsado de su familia por la locura de sus hermanos, y llevado a Egipto.

En la nueva tierra, fue comprado por un jefe de la guardia egipcia y comenzó a trabajar como brazo derecho de ese poderoso hombre. Pero nada sería fácil: la esposa del jefe se enamoró de José y quería tener una relación con él. José se negó y, entonces, la mujer indignada ante el rechazo armó una emboscada, haciendo que él fuera preso injustamente.

José no tenía cómo saberlo, pero la providencia divina estaba siendo generosa al dar otro empujón para que él se acercara a su destino. Él no había sido elegido para llevar comida a hermanos que no lo valoraban, ni para ser empleado en la casa de un oficial del Imperio. El destino reservaba algo mejor para aquel joven con espiritualidad sensible y sabiduría refinada.

En la prisión, conoció a funcionarios del alto rango del gobierno egipcio, dos hombres de confianza, siervos directos del faraón (título dado a los reyes del Antiguo Egipto). Uno de ellos, antes de ser arrestado, trabajaba como copero, que conforme a las costumbres de aquel tiempo, era quien servía bebidas al faraón después de haberlas probado. Es decir: si la bebida estaba envenenada, quien moriría sería aquel sirviente, y no el faraón. Por lo tanto, el poderoso líder de los egipcios confiaba su propia vida en el servicio de su maître.

Una mañana, en la cárcel, aquellos hombres contaron que tuvieron un sueño durante la noche, y José logró dar una interpretación bastante razonable para lo que le habían contado. La explicación de José preveía lo que sucedería en el futuro con cada uno de esos hombres. No tardó mucho para que ellos percibieran que José tenía una capacidad más allá de lo normal. En los días siguientes, las premoniciones de José, en ambos casos, se realizaron. En mi libro *El mayor poder del mundo* explico sobre el poder de la sabiduría, algo que necesitas adquirir para vivir una vida extraordinaria a pesar de los días difíciles.

Dos años después, fue el turno del sueño de su propio faraón. Uno de esos compañeros de celda de José ya había dejado la prisión y volvió a trabajar directamente con el faraón.

Cuando supo del sueño del soberano egipcio, se acordó de José, el muchacho de la prisión que interpretaba sueños.

El destino mandó llamar a José y él fue. Después de eso, José nunca volvió a la cárcel, ni a la casa del oficial donde había trabajado. Él fue capaz de descifrar el sueño del faraón y se convirtió en el segundo hombre más poderoso del país más fuerte de la época.

¡Dos expulsiones, una oportunidad y la gloria!

Por el resto de su vida, José administró el Imperio, ayudó a su familia, hermanos y padres sin ningún tipo de venganza, y promovió una acción político-social impresionante en un período de grave crisis al inicio de su gobierno.

El destino creó circunstancias duras, de expulsiones, pero favorables y grandiosas. José esperó el tiempo adecuado para que las cosas sucedieran, pues había tenido un sueño cuando era joven, y el sueño trazaba su destino. Él no "abrazó" la primera oportunidad de placer y buena vida ofrecida por la mujer de su jefe, él no se negó a cooperar con sus compañeros cuando estaba en una situación aparentemente desfavorable. Cuando fue llamado a la presencia del faraón, él dio lo mejor de sí: respondió a lo que se le había preguntado y presentó un plan para sacar de la crisis al país.

¡José tuvo una idea y sabía cómo ejecutarla!

Tu idea no sirve de mucho si tú mismo no sabes ponerla en práctica.

Los judíos fueron expulsados de su tierra 70 d.C.

Los judíos son poderosos hoy, pero para ello también tuvieron que enfrentarse a su propia Zona de Expulsión.

Después de los días de Jesús, como vimos hace poco, pasado un largo período de tensiones, los romanos tramaron una invasión definitiva contra Jerusalén, la capital de Israel. El entonces general Vespasiano montó un cerco a partir del año 66 d. C., aplastando a la sociedad, impidiendo la entrada de suministros, alimentos y agua.

La organización del mando político cambió años después, con la muerte del emperador Nerón, en el 68 d. C. Con eso, al año siguiente, Vespasiano, el autor del cerco de Jerusalén, se convirtió en emperador y necesitó volver a la capital del Imperio Romano. Entonces nombró a su hijo Tito como líder de las tropas militares para que la operación contra los judíos prosiguiera.

Tito logró romper la barrera de las murallas de Jerusalén en el 70 d.C., destruyendo todo lo que encontró por delante, especialmente el Templo, que fue incendiado por ser considerado el foco de las tensiones en el país.

La población judía fue perseguida y expulsada de Israel y solo pudo volver a hacer peregrinaciones al Templo en Jerusalén en el siglo IV, casi trescientos años después de la expulsión impuesta por los romanos. La historiadora Karen Armstrong dijo que desde entonces "el exilio se ha convertido en un tema constante y doloroso"[1] en la vida de los judíos.

A lo largo de la historia, se registraron expulsiones de judíos, literalmente hablando, de los siguientes países de Europa y en los siguientes años: "De Viena y Linz, en Austria, en 1421; de Colonia en 1424; de Augsburgo en 1439; de Baviera en 1443, todas en Alemania; de Moravia, en la República Checa, en 1454; de Perugia, en 1485; de Vicenza, en 1486; de Parma, en 1488; de Milán y de Lucca en 1489; y de la Toscana, en 1494, estas en Italia".[2]

---

1. ARMSTRONG, Karen. *Em nome de Deus: o fundamentalismo no judaísmo, no cristianismo e no islamismo.* São Paulo: Companhia de Bolso, 2009, p. 26.
2. Ibid

Karen Armstrong informa que "poco a poco se dirigieron hacia el este, creando en Polonia lo que creían que era un lugar seguro. El exilio parecía ahora una parte endémica e inevitable de su condición".[3]

Debes estar pensando: "¡Qué incómodo vivir así!". Sí, estoy de acuerdo. Ser expulsado de su lugar de origen no es lo mejor, pero te alinea con tu destino.

Durante la Segunda Guerra Mundial, Polonia fue el infierno para cualquier judío que estaba allí, y entró a la historia como el país que albergó al más cruel campo de concentración y exterminio de los semitas: Auschwitz, nombre alemán para la ciudad polaca de Oswiecim.

No solo Polonia, sino otras regiones europeas, especialmente en Alemania, donde los judíos eran perseguidos y expulsados, y estaban situados los campos donde millones de ellos serían exterminados, también entrarían a la historia por haber sido escenario de verdaderas masacres: Bergen-Belsen, Buchenwald y Dachau.

Con más de seis millones de judíos muertos de forma tan cruel hace poco más de setenta años, el destino parecía no haber reservado lo mejor para ellos. Es ahí donde terminamos este capítulo con lo que es, probablemente, el caso de expulsión que resultó en el mayor giro de la historia.

Después de enfrentarse a esta historia de sucesivas expulsiones, persecuciones y muertes en masa, el pueblo judío aún persiguió su destino, creyendo ser guiado por el plan divino que trabaja para confirmar las promesas de que ellos son el pueblo elegido por Dios. Es importante no confundir al pueblo judío con el gobierno del Estado de Israel.

Los judíos se destacan actualmente por las innovaciones y avances en prácticamente todas las áreas del conocimiento humano, sobre todo en la ciencia.

---

3. Ibid

Vea lo que dice el sitio web Morashá[4] con respecto a los judíos y el premio Nobel:

"Un rápido análisis de la lista de los agraciados con el Premio Nobel desde su creación, en 1901, hasta hoy, revela una destacada participación judía. Entre las 850 personalidades, 180 son judíos; y la mayoría de ellos, 157, participan en las áreas científicas.

¡Pero eso fue en 2011! ¡Actualmente, ya son casi 200 judíos laureados con el Premio Nobel! Teniendo en cuenta que la población de judíos representa el 0,2% de la población mundial, debemos sorprendernos con la capacidad de resiliencia de ese pueblo, con la fuerza de superación, con la acción del plano superior sobre sus vidas y con el destino que fue diseñado para el siglo XXI.

En 2018, los judíos cumplieron 70 años de la creación del Estado israelí en Palestina. Después de setenta años, ya son un país rico, próspero y de primer mundo. ¡Pueden ser comparados con cualquier nación súper desarrollada de Europa o de América del Norte, solo que tienen 70 años como país! Haz una comparación sencilla con Brasil, que ya tiene más de 500 años, y sabrás que hay un destino que hace la diferencia para aquel pueblo.

> Los judíos pasaron por la Zona de Expulsión, fruto de una conspiración divina, para que fueran esparcidos por toda la tierra y salvaran a las generaciones, como lo han hecho por medio de su ciencia y tecnología.

---

4. Consultado en línea: http://www. http://www.morasha.com.br/home.html.

Hay personas que encaran los problemas como si fueran su destino. ¡No! ¡Los problemas no son su destino!

Los problemas sirven para que te despiertes y avances, para salir de la situación presente y partir hacia el futuro deseado.

> Los problemas son un entrenamiento, no el destino final.

Quien no entiende esto, vive lamentándose. Es una pérdida de tiempo confundir destino con circunstancia. Circunstancia es un hecho que puede moldear la personalidad y mejorar el rendimiento y las habilidades, pero no representa tu destino.

Para llegar a tu destino, sin embargo, necesitas esas habilidades y competencias.

Confundir las cosas no es la actitud más inteligente en momentos de crisis. Veo mucha verdad en esta afirmación de la historiadora húngara Agnes Heller:[5] "Aunque no podemos conocer nuestro destino, podemos conocernos a nosotros mismos, suficientemente bien, para poder excluir al menos algunas posibilidades del abanico de eventos potenciales del próximo año".

Esta es otra afirmación, que es parte de mi libro *Descubre tu propósito: actualiza tu vida*. Eso puede ayudarte a ajustar la forma en que debes encarar los acontecimientos del día a día.

---

5. HELLER, Agnes. *Uma teoria da história*. Rio de Janeiro: Civilização Brasileira, 1993, p. 53.

Tu situación actual es parte de tu camino y no tu destino.

No tengas miedo de salir de tu lugar de origen. Mira lo que Satya Nadella, CEO de Microsoft, declaró en su libro *Hit refresh*:[6]

"Mi historia solo fue posible, pues tuve el coraje de dejar la India e inmigrar a Estados Unidos".

Pero Nadella no dejó la India buscando una vida mejor en América. Es que la India no tiene escuelas para apoyar a quien quiere estudiar Tecnología de la Información. Luego, emigrar a Estados Unidos no fue una buena elección, sino una suave expulsión.

Como vimos, José fue vendido como esclavo por los propios hermanos y se convirtió en el segundo hombre más importante del país en aquella época; David fue perseguido y casi muerto por el rey que servía y se convirtió en el rey más famoso de Israel hasta hoy; Jesús fue expulsado de la ciudad de su infancia, perseguido por los líderes religiosos de la época y se convirtió en el hombre más conocido del mundo. ¡El hombre más hablado de la historia!

Hay un plan superior que transforma la hora más oscura de nuestras vidas en el punto de partida de un futuro brillante.

6. HarperBusiness (September 26, 2017).

Recuerda: La "expulsión" siempre vendrá acompañada de humillación. Y la instrucción bíblica es clara cuando dice que:

En vez de su vergüenza, mi pueblo recibirá doble porción.
(Isaías 61:7 NVI)

Y más:

El que se humilla será enaltecido.
(Lucas 18:14)

Pero eso solo vale para quien cree.

3

Personas y libros

La parte práctica para desentrañar tu destino

"Un país se hace con libros y personas".
Monteiro Lobato

Quiero provocar en ti la voluntad de reflexionar tan pronto como termines de leer este capítulo; que sea algo que te mueva y que haga que tus ojos busquen conocimiento. Si no te gusta leer, viajar ni hacer amigos, prepárate: tu vida futura será más difícil de lo que esperas.

A lo largo de mi experiencia en el campo de los negocios y entre hombres exitosos, observé que aquí y allá siempre aparece un buen libro.

Una buena sugerencia de lectura es casi la obligación en las reuniones de alto nivel. Es común que uno u otro líder diga una cita extraída de un clásico o de un nuevo lanzamiento sobre negocios, desarrollo personal, filosofía o cualquier asunto cercano. Es decir, libros y hombres caminan lado a lado.

Las biografías de hombres y mujeres que marcaron la historia tienen un espacio cautivo en los estantes de la biblioteca de los que quieren desentrañar y vivir su destino.

En mi caso, por ejemplo, fue la autobiografía de Martin Luther King Jr. la que me inspiró a dirigir mi talento y mi propósito de vida para facilitar la vida de otras personas. Fue un libro del padre Fabio de Melo, llamado *El discípulo de la madrugada*, el que me desafió a escribir sobre la espiritualidad.

¿Ya pensaste que hay grandes producciones de Hollywood que fueron inspiradas por la lectura de grandes libros? ¿Ya te diste cuenta de que los detalles y enseñanzas de las tradiciones de los pueblos del pasado, como los judíos que hablamos en el capítulo anterior, solo llegaron al día de hoy porque fueron preservados en libros?

En libros están los registros de los fracasos y de los éxitos de personas mundialmente conocidas. Sin esas páginas, seguramente no habríamos llegado tan rápido donde estamos. Ellas guardan atajos. Estas obras increíbles son tan resistentes y resilientes que, incluso después de la creación del libro digital, mantienen viva la industria del libro físico, el impreso.

¿Alguna vez has sido motivado a leer la biografía de alguien que se destacó en alguna área del conocimiento o de los negocios?

Cada área tiene uno o dos nombres fuertes, hombres o mujeres que han soñado estar en un destino deseado, que hicieron innovaciones, que rompieron conceptos y paradigmas que se juzgaban obsoletos o insuficientes y... ¡bum!... ¡Hicieron historia!

Las biografías y las historias de éxito me estimulan, me encienden. Hoy, hago lo que hago y de la forma en que lo hago, no porque tengo una mente brillante o soy una combinación rara de la genética. Pero sí por causa, también, de los libros que leí, de las vidas e historias que ellos me permitieron conocer.

A partir de mis trece años empecé a interesarme intensamente por la lectura de libros que contuvieran algo que yo pudiera saber y aprender. Una observación importante es que eso no me fue impuesto. El hambre por conocer más sobre la vida de otras personas brotó en mí.

Leer un libro es como ser mentoreado por el autor.

No importa tanto el tema. Si un libro despertaba mi interés, fuera por el título, por el arte, por la imagen de la portada, lo tomaba y empezaba a leerlo. Me di cuenta de que si en él había alguna lección nueva para mí, me mantenía estimulado hasta la última línea. Los libros nos abastecen de información.

Me importaba el repertorio de conocimiento y tránsito de nuevas áreas, por lenguajes diferentes, por asociaciones impensadas. Todo puede contribuir a la formación de una persona con visión ampliada, sea a mi favor, o sea a tu favor.

En 2008, tuve depresión y ataques de pánico, como conté en mi libro *Rumbo al lugar deseado*. Lo que me ayudó a salir del fondo del pozo fue leer libros del doctor y hoy amigo, Augusto Cury.

El libro correcto puede ser un remedio.

Los libros son buenos amigos, pero somos seres humanos, seres sociables que necesitamos preservar los contactos ya existentes y crear nuevos cada día. Así, soy lo que soy y hago lo que hago del modo en que lo hago, también por las personas con las que he convivido. Cada una de esas personas colocó un ladrillo fundamental en esa construcción llamada Tiago Brunet.

Soy el resultado del trabajo de cada una de las buenas personas con quienes mantengo amistad y una buena relación, de la misma forma que fui enriquecido por el reflejo de los momentos delicados, abrumadores y hasta infelices que tuve con otras personas. Todo fue útil para que la argamasa de esa construcción se tornara más firme y segura.

Ahora, mira hacia ti y reflexiona por unos segundos: ¿ya notaste que quien eres hoy también es el resultado de esas interacciones sociales y literarias? Tal vez más sociales que literarias. Sin embargo, nadie se convierte en alguien por obra exclusiva de la propia individualidad. Somos la suma de las experiencias que tenemos y de las influencias que recibimos, desde el vientre de nuestra madre.

Y mirando hacia adelante, cada uno de nosotros también da una contribución singular para la formación y el modelado del carácter de otras personas en el medio social en que vivimos.

En otras palabras, alguien o algunas personas por ahí cargan con ellas una parte de ti, transmitida por relaciones, conversaciones e interacciones. ¡Y si has escrito un libro, algunas de tus frases e ideas pueden estar inspirando a alguien en este exacto momento! ¿Eso no es fantástico?

Libros y personas construyen personas. No hay duda de que estos dos agentes apuntan destinos. Ellos inspiran el futuro porque, tanto los textos como las personas, están en movimiento, probando, absorbiendo, reflejando o haciendo reflexionar.

CONSTRUYE TU PROPIO YO

Estoy seguro que Monteiro Lobato (1882-1948), uno de los más grandes escritores brasileños, autor del popular *Sitio del Picapau Amarelo*, conocía la importancia de este confluencia cuando acuñó la frase: "Un país se hace con los hombres y los libros".

Cuando lees un texto, necesitas interpretarlo. Y cuando lo interpretas, lo haces dentro de tu propia experiencia, dentro de tu propio bagaje cultural, social, político y personal. Así, puedes darle nuevos sentidos a un texto, aunque haya sido escrito hace milenios.

Es lo que sucede cuando leemos Platón o Aristóteles, grandes pensadores griegos. Es lo que sucede también cuando nos inclinamos a la sabiduría milenaria, la Biblia.

El resultado es que un texto aparentemente fijo, rígido, listo; ahora, con la nueva interpretación (a través de tus filtros mentales), va a tener nuevos sentidos, y eso podría ser la indicación de destino que tanto esperabas.

> La visión que cambiará tu vida puede estar en un texto que todavía no has leído.

Además, toda la enseñanza que llevas dentro de ti hace diferencia a la hora de comprender y absorber la información que está en las líneas delante de tus ojos. Tú puedes entender o ser inspirado a crear algo, y tu vecino, no.

Lo mismo ocurre con las interacciones personales. ¿Por qué crees que dirigí buena parte de mi esfuerzo en la construcción de mi perfil profesional entrevistando a grandes líderes?

Muchas veces he viajado de un país a otro solo para hacerle una pregunta a alguien que estaba en la cima de la pirámide del respectivo segmento profesional o religioso.

¡Una sola pregunta! En general, ya bastaba.

En mi libro *Descubre el mayor poder del mundo*, cuento algunas de esas experiencias.

UNA ADOLESCENCIA INFLUENCIADA POR LIBROS

Recuerdo que a los 14 años, leí una obra literaria de John Maxwell, un famoso coach y orador norteamericano. Él es un experto en liderazgo y en entrenamiento de líderes; es "el punto de referencia" en el medio en el cual vive. ¡Esa lectura me fascinó!

Brotó dentro de mí un extraño sentimiento de que algún día entrenaría a líderes también. Surgió en mí una luz apuntando a un destino que me sentía obligado a seguir. Fui tocado e inspirado por las palabras de John. Lo que él hablaba tenía sentido para mí.

Mis hermanos también leyeron el libro, pero no lo interpretaron de la misma manera que yo. Como dije, cada uno lee de acuerdo con sus propios filtros mentales.

A los 16 años, presenté un programa de entrenamiento de líderes para los profesores de la escuela dominical (la escuela bíblica de la iglesia que yo frecuentaba en la época). Eso fue una innovación porque, en general, las escuelas dominicales eran hechas del mismo modo desde hacía mucho tiempo. Los hombres mayores, presentes en aquella presentación, tomaron la apostilla que yo había preparado y empezaron a reírse y burlarse de mí.

¡Recuerdo ese episodio como si fuera hoy!

¿Pensaron que quería destruir una tradición? ¿Será que, mirando por otro lado, pensaron que quería acabar con mi reputación antes de convertirme en alguien? ¿O se rieron de sí mismos, porque nunca tuvieron la iniciativa para cambiar algo que se hacía de la misma manera desde hacía décadas?

Nunca lo sabré. De todos modos, los respetaba como eran. Quien luchó para preservar una cultura, para mantener incorruptible una tradición o forma de hacer algo, siempre tendrá resistencia a lo nuevo. Debemos comprenderlos.

Somos construidos por las personas con las que convivimos, personas buenas y malas, las que nos motivan y las que nos hieren y frustran, personas que contribuyen con nuestro fortalecimiento, y las que nos usan y roban los sueños que tenemos.

Pero debes saber esto:

Todo conspira a favor de nuestro destino. ¡Todo!

No crecemos interiormente cuando estamos de vacaciones en Disney o cenando en el mejor restaurante de la ciudad. Eso es disfrutar.

Nuestro crecimiento ocurre cuando somos ofendidos y tenemos la opción de perdonar o resentir; cuando estamos "en apuros" financieramente y necesitamos aprender una lección. El crecimiento es el resultado de días difíciles, de la convivencia con personas igualmente difíciles.

¡No conozco otra forma de crecer como persona!

SORPRESAS DE LA VIDA

Una vez, fui a dictar una conferencia para unas 5000 personas en la ciudad de Bogotá, Colombia. El maestro de ceremonias del evento, al presentarme como orador, dijo las siguientes palabras:

"Está con nosotros Tiago Brunet, una figura de referencia en el desarrollo personal y la espiritualidad. Fundador del Instituto Destiny y de la Casa de Destino. En mi opinión, es el John Maxwell de nuestra generación".

¡Comencé a reírme de nervioso!

A la hora, recordé que durante mi adolescencia leía los libros de John, como conté hace poco. Recordé que intentaba inspirarme en su trayectoria, ideas y en su manera de construir razonamientos y discursos que pudieran ayudar a las personas a alcanzar su propio destino, ser felices y sentirse realizadas. ¡Y por más que no sea verdad lo que el presentador dijo (era solo su opinión), yo estaba siendo comparado con John Maxwell!

Al mismo tiempo que buscaba construir una identidad a partir de la vida ejemplar de un gran líder, otros a mi alrededor, hasta personas cercanas, se burlaban de mí. Escarnecían del hecho de que luchara por ese sueño, siguiendo lo que yo definía como destino. Algo más grande me daba señales para seguir adelante.

¿Recuerdas la historia de José, que conté parcialmente en el capítulo anterior? Uno de los motivos de que sus hermanos no tenían simpatía por él (además de ser el menor protegido por el padre), era que un día José tuvo un sueño extraño. Y él contó todo a su padre y hermanos, lo que fue muy bueno, pues años y años después, cuando el sueño se realizó, los hermanos entendieron que José estaba en lo correcto.

Lee en las propias palabras de José lo que él soñó:

He aquí que atábamos manojos en medio del campo, y he aquí que mi manojo se levantaba y estaba derecho, y que vuestros manojos estaban alrededor, y se inclinaban al mío.

(Génesis 37:7)

Los hermanos de José interpretaron que el menor reinaría sobre los mayores y se enojaron con eso. Tal vez por orgullo, tal vez por encontrar una afrenta. Al final, ¿por qué entonces el menor de ellos sería el exaltado?

Bueno, ellos ya no tenían una buena relación. Después de que José contó el sueño, aparentemente perjudicial para ellos, las cosas empeoraron y la relación entre los hermanos quedó más tensa. Después de ese episodio, José tuvo otro sueño, esta vez con sus padres. Y el joven lo volvió a contar a la familia:

> *Tuve otro sueño, en el que veía que el sol, la luna y once estrellas me hacían reverencias.*
>
> (Génesis 37:9 NVI)

Me pregunto: años después de haber sido vendido por sus hermanos, ¿no fue eso lo que pasó? El sueño de José lo llevó a su destino, que era gobernar Egipto, y con eso poder salvar la vida de sus hermanos y de su padre.

Cuando José se convirtió en el segundo hombre más poderoso de aquel imperio y el hambre afectó toda la región, fue quien mandó traer a la familia a la capital donde él controlaba todo. Así, José logró salvar la vida de todos. Y los hermanos, claro, reconocieron el destino de aquel que vendieron. Se inclinaron ante su autoridad.

Es por eso que leer me inspira. Grandes historias nos enseñan a pensar grandes proyectos.

Los libros nos inspiran, despiertan nuestra imaginación y nos muestran escenarios que pueden ayudarnos en la construcción y pavimentación de la carretera hacia el futuro.

Mi destino fue construido con buenos libros y con personas especiales.

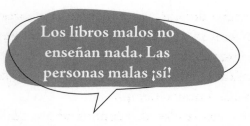

Los libros malos no enseñan nada. Las personas malas ¡sí!

Hay personas que se convierten en modelo de cómo jamás debemos ser. Esto también es aprendizaje.

¿CÓMO SELECCIONAR LIBROS Y PERSONAS PARA QUE ENTREN EN TU VIDA?

Creo que algunos de los siguientes consejos serán útiles para aquellos que quieren empezar a seleccionar buenos libros para inspirarse:

1. Elige libros de acuerdo a tus pasiones: lee sobre lo que más te gusta.

2. Prefiere libros y personas que te provean conocimiento e información que construyan el futuro que deseas.

3. Da preferencia a aquellos que amplían tu manera de pensar. Es lo que llamo agentes "telescopios"; nos ayudan a ver más lejos.

"¿Cuál es la ventaja de quien no lee sobre quien no sabe leer?".
Mark Twain

En la última década, experimentados autores, científicos, coaches y líderes en diferentes áreas descubrieron aspectos de la vida y del modo de trabajar de Jesús que podían aplicarse, y fueron aplicados por la moderna red de profesionales y emprendedores de nuestro tiempo.

Basta ver los títulos de algunos libros que lideraron y lideran las ventas en las grandes librerías: *Jesús CEO; Jesús Coach; Jesús, el maestro de la sabiduría; El liderazgo de Jesús*, entre otros.

De los 10 libros que lideran los más vendidos en Brasil actualmente, 4 de ellos hablan de Jesús. Cuando leo en los Evangelios sobre la vida del Maestro, no puedo dejar de observar con detalle sus palabras.

En ellas están los secretos de su personalidad, de la solidez de su carácter como persona pública, los secretos del éxito en lo que Él hizo y cómo entrenó a las personas para realizar su proyecto, su sueño: dirigir a las personas a un destino grandioso.

Cuando leo sus palabras, noto que Jesús siempre citaba textos antiguos, extraídos de libros que ya había leído, y eso me impresiona.

Creo que puedo decir que la lectura influenció la identidad de Jesús; por lo menos, eso es lo que veo en sus palabras. En consecuencia, su identidad define a personas en diferentes lugares, en diferentes culturas, en tiempos diferentes. ¡Y eso sucedió hace dos mil años!

Una vez, cuando él estaba en la ciudad de Capernaúm, en una sinagoga, recibió el libro sagrado abierto y leyó: *"El espíritu del Señor está sobre mí"*.

A continuación, miró a los presentes y completó:

El Espíritu del Señor está sobre mí, por cuanto me ha ungido para anunciar buenas nuevas a los pobres. Me ha enviado a proclamar libertad a los cautivos y dar vista a los ciegos, a poner en libertad a los oprimidos, a pregonar el año del favor del Señor.

(Lucas 4:18-19 NVI)

Mira: una profecía hecha setecientos años antes de aquel día, registrada en un libro, encontró su realización. Jesús fue la persona correcta, en el lugar correcto y en el momento oportuno.

¿Qué produjo ese encuentro inusitado?

Un
libro.

Libros y personas son agentes de transformación, de movilización y nos llevan a destinos que no siempre imaginamos, que el plano trascendental dibujó para cada uno de nosotros.

Hay una sinergia, la convergencia de fuerzas impulsadas por esa trascendencia que, en el momento clave, en la hora correcta —como ocurrió con Jesús—, reunirá la oportunidad correcta con la persona correcta, la que se preparó, que se ha actualizado, que se recicló, que estuvo atenta y que estaba en movimiento.

Cuando esto suceda, estarás preparado para vivir tu destino.

Haz tu parte siempre

No es suerte: es trabajo y sinergia. Es la fuerza de las semillas positivas que fueron sembradas durante tu caminar en la Tierra. Ejemplo: si ayudaste a alguien en el pasado, y esa persona hoy está en un puesto estratégico, si es necesario, ella va a retribuir la ayuda que recibió. Si estudias, te informas e investigas, te convertirás en la persona más indicada a ocupar una determinada vacante.

Cuando surja la oportunidad, es tu nombre el que estará en la lista de los elegidos. No basta con ser apto si nunca has ayudado a un familiar, si no te despiertas temprano, no socializas en las reuniones, en los cafés. No habrá conspiración trascendental que te ayude así. No habrá sinergia que resuelva tu destino.

Otro nombre bastante conocido que alcanzó y cumplió su destino es el de Juan el Bautista. Él fue un personaje respetable entre el pueblo judío de su tiempo y temido por las autoridades romanas que gobernaban Judea. Juan era como un promotor de justicia, que denunciaba los delitos en el palacio; cualquier semejanza con nuestra historia actual en el país es mera coincidencia.

Una vez, Juan el Bautista dijo:

Yo soy la voz de uno que clama en el desierto.

(Juan 1:23)

Así como Jesús, Juan el Bautista confirmaba a sus oyentes que él era el cumplimiento literal de una antigua anotación hecha por un profeta judío, que, en ese caso, fue Malaquías.

Una vez más la acción trascendental unió un texto a un hombre que leía, que conocía la historia pasada y podría, así, hacer la diferencia en el presente.

Yo creo que el destino no es suerte, pero existe un plan trascendental al respecto:

Porque yo sé los pensamientos que tengo acerca de vosotros, dice Jehová, pensamientos de paz, y no de mal, para daros el fin que esperáis.

(Jeremías 29:11)

Son varios los elementos que se suman al material de construcción del destino de alguien. Pero hay uno que cuenta mucho: las amistades que haces durante tu peregrinación en la tierra.

AMISTADES QUE TE SEÑALAN TU DESTINO

Permíteme contar una historia impresionante que he escuchado recientemente. Yo acababa de bajar del escenario, después de terminar una conferencia que dicté en la ciudad de São Paulo, cuando fui abordado por una persona muy famosa. De hecho, había miles de personas y decenas de celebridades presentes en aquel auditorio, entre ellas, jugadores de fútbol, artistas de la televisión y cantantes famosos.

Una de esas personas era un cantante de mucho éxito que reúne a miles y miles de fans en sus redes sociales. Él vino a mí inmediatamente después de bajar el escenario y, al parecer, solo quería expresar su gratitud por las palabras que yo había dicho. Según él, ellas causaron impacto positivo en su mente y, consecuentemente, en su vida.

La conversación generó empatía y, junto con amigos en común, salimos a cenar aquella noche. En el restaurante, empezamos a hablar sobre varios temas, como en cualquier encuentro con muchas personas. De repente, él me preguntó sobre lo que estaba escribiendo actualmente. La pregunta me tocó, pues cuando estoy trabajando en un nuevo libro, respiro eso. Así, hablé sobre el contenido de este capítulo que estás leyendo ahora.

Cuando dije que somos el resultado de los libros que leemos y de las amistades que hacemos, los ojos de aquel artista inmediatamente brillaron. ¡Parecía que tenía algo que decir porque no pudo disimular la euforia!

Continué hablando de las páginas que ya había escrito y, a continuación, dije que en el libro estaba desarrollando mi concepto de destino. Dije que, para mí, destino es nada más que la unión de nuestra preparación personal con una conspiración divina. Al escuchar lo que yo había dicho, él no se contuvo y disparó: "¿Sabes cómo me hice conocido en Brasil?".

Fui sincero y respondí que no tenía idea. El cantante, entonces, me contó: "En 2014, me estaba frustrando porque no veía resultados de toda mi preparación y mi inspiración para la música. Yo tenía el don, la gente que me escuchaba amaba mi trabajo, pero la cosa no sucedía. A veces, ponía la mano en la cabeza y preguntaba: 'Dios, ¿por qué?'".

Yo moví la cabeza asintiendo con él y mostrando que estaba atento a la narrativa. Él prosiguió: "Yo estaba preparado, era bueno en lo que hacía, tenía capacidad para seguir adelante... pero... Sucedió que tomé la carretera para enfriar la cabeza y paré en una cafetería en el camino. Para mi asombro, el mejor jugador de fútbol del país, en pleno año de Copa del Mundo, salió de la misma cafetería y nos topamos. Tiramos una foto juntos y acabamos acercándonos. Al día siguiente, yo estaba componiendo una canción sobre él y el fútbol. Resultado: él creyó en mí, participó en mi clip musical y luego apareció en todos los programas de televisión del país, y a partir de eso mi vida cambió para siempre".

Era una historia interesante. Yo pregunté si creía en destino. El artista me respondió con otra pregunta: "¿Cómo así?". Insistí en el tema: "¿Crees en la unión entre la preparación personal y una conspiración divina?".

Él sonrió, todo feliz, y dijo: «¡Yo soy la prueba de ello!».

¿Lector, que piensas sobre eso?

¿Ha pasado algo de este tipo contigo?

He presentado casos de la historia y del presente, casos reales, conocidos y todos apuntan en la misma dirección: ¡hay un destino a ser vivido!

Necesitamos hacer nuestra parte y ser buenos en lo que son nuestras habilidades naturales; es necesario ser especialista en lo que hacemos. Muchas veces las cosas se atascarán y no conseguiremos llegar al punto al que deberíamos haber llegado, el desánimo empieza a aparecer y, aparentemente de la nada, de repente, ¡zas! … despegamos.

Reflexiona un poco: si fuese por esfuerzo personal, solo por nuestros propios méritos, ¿por qué no conseguimos antes el esperado éxito?

¿Por qué entre cinco genios expertos solo uno es elegido?

Hay miles y miles de personas extremadamente competentes por ahí que mueren sin haber tenido la oportunidad de mostrar al mundo su talento, sus ideas. ¡Muchas van a la tumba sin antes haber hecho la diferencia en lo que eran buenas! Entonces, no es solo la competencia personal o individual. ¿Estás de acuerdo? ¡Hay un Arquitecto del Destino, y Él lo libera a la hora correcta!

Sabemos, especialmente en Brasil, que hay puestos y plazas exclusivísimas, en la cima de las mejores empresas, multinacionales y nacionales, organismos gubernamentales, inicios y todo lo demás, que han sido ocupados por personas inadecuadas, a veces apadrinadas, que llegan allí por indicación política, el famoso QI (quien indica). Y que, por cuenta de esos engaños, los competentes han quedado atrás. ¡Una lástima!

Nos preparamos, somos competentes, podemos hacerlo diferente, también tenemos energía y fuerza de voluntad, además de capacidad técnica y talento. ¿Por qué no llegamos allí? Porque aún no hubo el encuentro entre la preparación personal y la conspiración trascendental.

Muchas veces estos dos factores no se unen porque has perdido tu fe. Porque dejaste de creer y, cansado de esperar, pasaste a considerar que todo aquello era ilusión. Es por eso por lo que muchas personas talentosas mueren antes de realizar su misión, dejan de tener esperanza y todo se vuelve lamento. Una parte del éxito es tu responsabilidad, y la otra está a cargo de esa fuerza incontrolable que trabaja día y noche a tu favor.

Algunos lo conocen como Dios. Otros lo llaman Padre. Cada uno lo interpreta de acuerdo con sus filtros mentales.

Quien guarda la fe hasta el final, vence. El destino, como insisto en decir, no es suerte, está siendo moldeado por algo mayor.

> No obstruyas tu destino leyendo malos libros o caminando con las personas equivocadas.

Realizo mentoría a decenas de jugadores de fútbol. Muchos me buscan a la hora de tomar decisiones sobre qué propuestas de clubes del exterior deben aceptar. En general, los contratos son muy buenos, y es difícil elegir para qué club ir y decidir en qué país vivir los próximos años.

Siempre hago las mismas preguntas a ellos: "¿En qué ambiente tus hijos tendrán una mejor oportunidad de futuro?", "¿Cuántos idiomas podrán aprender?", "¿En qué cultura serán insertados?".

VIAJES, EL SELLO DE TU DESTINO

Nunca pierdo una oportunidad de viajar. Los viajes nos ofrecen experiencias necesarias para inspirar ideas significativas, ya sea al exterior o a una pequeña ciudad situada al lado de la tuya, nunca volverás a ser igual después de experimentar un choque cultural.

Afirmo categóricamente que el sello que lacra la construcción de tu vida aquí en la Tierra, son los viajes que haces. Esto sucede porque recogemos un poco de cada lugar por donde pasamos. ¡Es inconsciente, es inevitable!

Fue en la India, país inmerso en la más profunda miseria, que entendí que todo nuestro esfuerzo debe ser en favor de la colectividad. Allí potencié mis pensamientos sobre la fe. En Japón, lugar que transpira organización y orden, mi mente registró principios milenarios de honor. En Israel, con toda su historia, absorbí superación. En Estados Unidos, con su garra en vencer, excelencia.

Pero aprendí mucho en lugares no tan lejanos para mí, como la bellísima Arraial do Cabo, a 200 kilómetros de la ciudad de Río de Janeiro, que siempre me transmitió el sentido de paz y descanso (eso, claro, cuando visitas la ciudad fuera de la época de Carnaval).

¡Cada lugar que visitas deja algo en ti!

¿Sabes por qué dejé para el final de este capítulo el hablar acerca de los viajes? Porque solo tienen sentido cuando los libros y las personas ya te han construido. Los viajes son sellos.

Mientras escribo estas líneas, estoy en el lado asiático de Estambul, en Turquía. En esa ciudad hay un puente que divide Europa de Asia. Es posible encontrar musulmanes radicales por las calles o personas comunes vestidas de bermuda y camiseta, aunque también sean turcos. Aquí comemos de la cocina árabe o asiática, italiana o hamburguesas norteamericanas.

La diversidad me inspira. ¡Hay mucha belleza en lo que es diferente!

Sentado a la mesa de mi cafetería preferida en Estambul, observo a los que pasan por la calle delante de mí. Estamos a la orilla del mar y es posible ver a las familias paseando, personas corriendo para mantener la forma y los trabajadores caminando a pasos apresurados hacia la oficina. Estas personas tendrán destinos diferentes, pues leyeron libros diferentes y conviven con personas diferentes. Algunas viajan o ya viajaron, y otras no.

Estuve en Estambul algunas veces, pero este viaje ha sido especial. Primero por la compañía: mi amor, Jeanine, está conmigo. Y, por eso, hago una alerta: todo viaje se define más por quien va contigo que por el lugar al que se va.

Pablo, el apóstol, lo dejaba claro en sus viajes misioneros que fueron relatados en la Biblia.

Leemos sobre uno de ellos en el capítulo 15 de Hechos. El apóstol Pablo, que iba de ciudad en ciudad hablando sobre la vida de Jesús, propuso a Bernabé, uno de sus compañeros, volver por todos los lugares por los que ya habían pasado.

Él quería saber si las palabras que decía habían surtido efecto. Bernabé, entonces, sugirió que Juan Marcos fuese con ellos. Solo que Pablo no quiso. Es que Marcos, en un viaje anterior, en Perga, antigua ciudad en la costa mediterránea de Turquía, prefirió no acompañarlos más y se fue a Jerusalén. No se sabe exactamente el motivo de Juan Marcos, pero eso desagradó mucho a Pablo. A causa del rechazo del apóstol, Bernabé se sintió contrariado y se marchó. Pablo siguió adelante con Silas.

Un hecho curioso: Bernabé y Juan Marcos ya no son mencionados en el libro de Hechos después de ese episodio.

La historia siguió con Pablo y Silas. Y luego en la secuencia, por el relato del libro de Hechos, los dos viven uno de los episodios más increíbles durante esos viajes.

En Filipos, en Grecia, son arrestados, acusados de perturbación del orden. En la cárcel, no se quejan, murmuran o lloran. Por el contrario, dice el pasaje que ellos oraban y cantaban alabanzas a Dios cuando:

Entonces sobrevino de repente un gran terremoto, de tal manera que los cimientos de la cárcel se sacudían; y al instante se abrieron todas las puertas, y las cadenas de todos se soltaron.

(Hechos 16:26)

La cárcel estaba oscura y el carcelero, pensando que todos habían huido, sacó la espada para matarse, porque quien dejara huir a un preso sería muerto. El suicidio, ante esa situación, era una forma de librarse de la tortura y la humillación. En el caso de Pablo, en cambio, impidió al carcelero tomar su propia vida, gritando:

¡No te hagas ningún daño! ¡Todos estamos aquí!

(Hechos 16:28 NVI)

El carcelero, entonces, se postró a los pies de los dos misioneros. Él quedó tan encantado que se rindió al poder predicado por Pablo. Por cierto, él y toda su familia. Este viaje del gran apóstol con Silas salvó vidas. Literalmente.

Pablo rechazó las compañías, pues sabía la importancia de "con quién", aunque nunca dejó de considerar el "a dónde" se va.

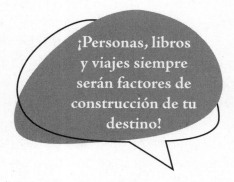

¡Personas, libros y viajes siempre serán factores de construcción de tu destino!

4

Una vida consistente

"Solo los necios exigen perfección; los sabios se contentan con la consistencia".

Proverbio chino

El destino no se trata de llevar una vida perfecta, sino de tener una vida que sea consistente.

Tal vez no te hayas detenido para reflexionar sobre la falta de consistencia en tu día a día. Muchos solo perciben la inconsistencia en el vecino, en el compañero de trabajo, en aquel tío inconveniente. Solo perciben lo que es inconsistencia cuando se manifiesta en el discurso de alguien.

Muchos creen, incluso, que ella solo forma parte de la vida de los demás. Es muy difícil hacer un autoanálisis e identificar nuestras propias limitaciones. Nuestra falta de consistencia, a veces, es imperceptible a nosotros mismos. Sin embargo, si dedicas un tiempo haciendo un autoanálisis, verás que no es así. ¿Ya pensaste que la inconsistencia puede ser un enemigo íntimo de tu destino?

Así es.

La inconsistencia es un opositor del futuro y se refleja bastante en la falta de cohesión que llevamos con nosotros.

Jesús era un hombre consistente en sus caminos y pensamientos. Por eso vivió y cumplió su destino profético. Ser consistente también es saber decir no cuando no es la hora de exponerse.

Al pedirle María, su madre, que hiciera un milagro, el Maestro le respondió: "*¿Qué tienes conmigo, mujer? Aún no ha venido **mi hora**"* (Juan 2:4).

Muchos futuros han sido abreviados y frustrados por el adelantamiento de propósito. Con eso quiero decir que hay cierto tiempo para hacer las cosas, y eso se llama consistencia.

Mi hijo ama los autos, pero no puede tener uno. Con apenas 5 años, no reúne preparación y madurez para vivir el sueño que tiene de conducir autos veloces. ¿Me entiendes?

Consistencia también es alinear tiempo y propósito.

Veamos esto

Una vez, en uno de mis seminarios sobre liderazgo, invité al director de una gran institución a subir al escenario en el que yo estaba. Él subió y le hice una pregunta, ante todos: "Fulano, ¿cuál es su mayor problema hoy en día?".

Para mi sorpresa, él respondió de forma clara y bien directa: "Sin duda, es la crisis financiera". Sonreí y luego continué: "¿Qué libro estás leyendo actualmente?".

Él levantó la ceja y pareció sorprendido, pero, al mismo tiempo, dejaba traslucir que indagaba en su memoria. Me quedé en silencio hasta que él respondió: *Las crónicas de Narnia*.

Se trata de uno de los libros del escritor y poeta irlandés C. S. Lewis (1898-1963), uno de los más grandes autores que he leído. Pero los libros de la serie Narnia, aunque sean recomendables, no tienen absolutamente nada que ver con la crisis que aquel director de institución enfrentaba en su vida profesional en aquel momento.

Ante esa respuesta, pensé rápidamente sobre dos situaciones, imaginando que él pudiera estar en una de ellas: "¿No está leyendo nada durante esos días y disparó el nombre del primer libro que vino a su mente? ¿O es que tenemos aquí un clásico ejemplo de inconsistencia?".

No hay nada malo en que un ejecutivo lea libros de ficción, pero creo que no es razonable hacer esto en un momento de crisis. Entonces, si no fue un episodio de omisión de la verdad —y creo que es así—, fue un caso de inconsistencia. Y, sinceramente, yo no sé lo que sería peor en ese caso.

Todos nos enfrentamos a problemas diversos y queremos que esas adversidades sean resueltas por los demás o por nosotros mismos. Lo importante es que la salida llegue pronto.

Este punto es un divisor de aguas para nuestro entendimiento, pues cuando nos encontramos con algún problema y decidimos resolverlo, muchas veces buscamos la solución en una fuente que no es capaz de producir informaciones transformadoras.

Por lo tanto, todo nuestro esfuerzo dedicado a ese propósito, ¡es pura pérdida de tiempo!

El director general de esta gran organización, responsable del destino de decenas o cientos de personas (y sus familias), además del futuro de la propia institución, confiesa que incluso ante una crisis financiera, ¡está leyendo un clásico de ficción! ¿Percibes el nivel de inconsistencia en ese caso? ¿Consigues formar una imagen mental de dos mundos distantes e irreconciliables?

Uno es el mundo real, sin dinero, sin recursos, bajo el riesgo de no tener qué comer al final del mes, y el otro lado es la fantasía sobre un león, la hechicera y el guardarropa, escrita para niños, que son los personajes del primer libro de la serie de siete obras.

La historia del país de Narnia, en un universo paralelo, puede tener bellas y buenas lecciones lúdicas sobre la vida, la fe y mucho más. Solo que no proporcionará elementos para una toma de decisión creativa y práctica para ese momento de crisis financiera. La única manera por el cual aquel director podría justificarse era si estuviera siguiendo el consejo dado por algunos psicólogos: la distracción.

La distracción, con excepción de esa indicación psicológica anterior, se convierte en la destrucción de tus sueños en cámara lenta. Entonces, ten cuidado con ella.

Algunos profesionales defienden que cuando estamos muy inmersos en un problema, aparentemente sin solución, y no vemos salida, debemos parar de pensar en él e involucrarnos en otras actividades. Así, la solución del problema aparecerá con naturalidad. Esto sería un buen paliativo para el comportamiento de aquel ejecutivo, pero aparentemente no era el caso.

Otra cuestión que merece nuestra atención es cuando entramos en un proceso de confusión mental y dejamos de dar la importancia debida a lo que realmente es una prioridad.

LA PRIORIDAD ES EL ENFOQUE, Y ENFOQUE ES SABER DECIR NO

Nos distraemos, nos confundimos y muchas veces no hacemos la lectura adecuada de algunos hechos y circunstancias. Por lo tanto, el resultado esperado de nuestras acciones será, como mínimo, desastroso.

Por lo que veo, la vida no suele perdonar a los distraídos. Tú y yo trabajamos mucho y nos esforzamos demasiado en favor de un futuro de paz que deseamos alcanzar. No es razonable, después de tanto esfuerzo, relajar la atención precisamente cuando las cosas están por acontecer.

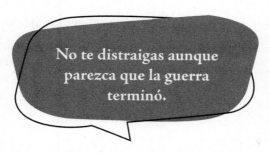

No te distraigas aunque
parezca que la guerra
terminó.

Mantenerse enfocado es decir no a todo lo que no es prioridad, y deshacerse de las distracciones es un consejo importante para esta fase de la vida.

Es un gran error distraerse en el momento en que las cosas están transcurriendo. Tan pronto como abras los ojos, verás la oportunidad a la distancia, despidiéndose de tu visión. Cuando ella pasó cerca, tú, distraído, ni la viste. Ahora, la oportunidad desapareció para siempre.

Los griegos de la antigüedad, grandes pensadores, definieron y escribieron la palabra tiempo de dos formas: Crono y Kairós. El primero se refiere al tiempo cronológico, al orden de los acontecimientos, como día, tarde y noche. El otro significa el tiempo oportuno; se refiere a aquella oportunidad que va a surgir y que tal vez no vuelva.

Algunos teólogos dicen que el Crono es el "tiempo de los hombres" y que Kairós es el "tiempo de Dios". Los griegos hicieron un dibujo de cómo sería Kairós, miembro de su mitología, y en el dibujo, la figura de Dios surge como un joven que tiene una balanza pesando hacia un lado de las manos (lo que demuestra inestabilidad), alas en la espalda y en los pies (es decir, pasa rápido) una sola trenza en la cabeza (es difícil agarrarlo). A diferencia del Cronos, que es algo regular, con inicio, medio y fin, Kairós surge y pasa. Quien no esté atento, ciertamente no aprovechará la oportunidad.

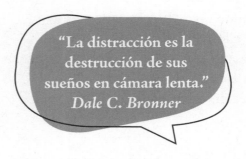

"La distracción es la destrucción de sus sueños en cámara lenta."
Dale C. Bronner

¿Qué es la consistencia?

Consistencia es la unión entre lógica y cohesión. Cuando un conjunto de proyectos, ideas y sueños presentan nexo y uniformidad, sentido y uniformidad, es decir, que se ajustan unos a otros, entonces tenemos la consistencia.

Para que algo sea consistente es necesario presentar una secuencia que dé sentido general al receptor, de modo que la contradicción o las dudas no formen parte del contexto.

El origen de la palabra consistencia viene del latín, *cohaerentia*, y significa conexión. Creo que esto tiene sentido para ti dentro de nuestro contexto. Para que algo se conecte, para que algo sea conectable, algunos elementos necesitan tener la condición de unirse a otros sin impedimentos, sea por su naturaleza o por su forma.

Si queremos, por ejemplo, forjar una chapa de metal resistente será necesario juntar dos o más materiales que se conecten, que sean compatibles cuando sean llevados al fuego. Si intentamos juntar acero, bronce, barro y polvo de madera, nada de lo que esperamos sucederá. Algunos materiales se convertirán en cenizas, como el polvo de madera. El barro se resecará absurdamente y los otros dos no se fusionarán.

De la misma manera, es inútil intentar conectar el cable USB de una tableta a la conexión de la red eléctrica. Por supuesto, las conexiones no serán del mismo formato.

¿Has tenido un deseo que no es compatible con tus actitudes y tu estilo de vida?

Atención a la INCONSISTENCIA. ¡Puede ser un enemigo imperceptible!

Recientemente vi un vídeo de Neymar Jr., el brasileño que es uno de los mejores jugadores del fútbol del mundo en la actualidad, que me voló la cabeza. El video fue grabado en 2004, cuando todavía tenía 12 años. Y, al verlo, ¡pude ver lo que yo llamo CONSISTENCIA!

El joven mostró los trofeos que ya había conquistado. Él solo tenía 12 años. Mencionó el Trofeo Tenis de Oro que solo él y Robinho, atacante de la misma ciudad de Santos en Sao Paulo, habían conquistado. Después, presentó 12 trofeos por haber sido artillero de algún torneo ¡Doce! Si consideramos que empezó a despuntar en las canchas a los 6 años y a competir poco después de ese tiempo, podemos ver que él fue un niño que trabajó duro por el destino que imaginó e una etapa temprana de su vida. Neymar Jr. dictó su propio futuro a los 12 años.

Hay otro punto interesante. Durante la entrevista, vi al joven mirando sin miedo a la cámara, respondiendo con firmeza a cada pregunta hecha por el periodista y en ningún momento, el pequeño jugador fue inconsistente con lo que dijo en esos pocos minutos.

A partir del momento en que el periodista vio una foto de él junto a Robinho, en la época un jugador ya consagrado, así transcurrió la entrevista:

Periodista: Estoy viendo que tienes una foto con Robinho. ¿Verdad?

Neymar Jr.: Sí.

Periodista: ¿Cuándo fue eso?

Neymar Jr.: Fue en el 2003, el año pasado.

Periodista: ¿Cómo fue ese encuentro? ¿Por qué fue a encontrarte? ¿Cómo fue?

Neymar Jr.: Ah, era para conocerme.

Periodista: ¿Y por qué fue a conocerte?

Neymar Jr.: Porque le dijeron que yo me parecía a él.

Periodista: ¿Y fue bueno el encuentro?

Neymar Jr.: Lo fue.

Periodismo: ¿Y qué fue lo que te dijo?

Neymar Jr.: Me dijo que continuara luchando, estudiando, que algún día llegaré "allá".

En ese punto de la entrevista, el narrador de aquel programa de la televisión interrumpió para decir: "Algunos años después, ellos estaban jugando juntos en Santos, Neymar Jr. y Robinho. No se puede decir que Neymar Jr. solo 'llegó allí'. Él llegó mucho más lejos de "allá".

Neymar Jr. era consciente de su calidad como jugador, aún en el tiempo en que jugaba fútbol de salón, antes incluso de pasar a jugar fútbol de campo. Él demostró creer en las personas que estaban cuidando el progreso de su técnica y de su carrera como atleta profesional. Lo notamos cuando confirma el comentario de que era parecido a Robinho.

Robinho, en su época, era el gran nombre del equipo de Santos F.C. y había sido un niño pobre, así como Neymar Jr. Por otra parte, la entrevista fue dada en una casa sencilla y el joven estaba sin camiseta, revelando su simplicidad e incluso ingenuidad.

Hoy, casi quince años después de aquella entrevista, Neymar Jr. es la estrella de la selección brasileña. Con sus actitudes, él nos sigue mostrando que oyó los consejos de sus tutores de infancia, sean los de su padre o los de los dirigentes del club en el que jugó cuando aún era joven. ¿Ya pensaste si Neymar Jr. se hubiera "distraído" en la recta final del camino de su formación? ¿Cuántos niños talentosos de las categorías de base de los equipos de fútbol se convierten en atletas mediocres? O, como se dice en el mundo de fútbol, ¿cuántas promesas no "se realizaron"?

Si Neymar Jr. no se hubiera mantenido concentrado, conectado a su sueño, jamás hubiera salido del equipo de Santos para jugar en el equipo de Barcelona, uno de los mayores equipos del mundo, ni hubiera alcanzado mayores alturas.

Vamos a otro ejemplo

Un vuelo de Sao Paulo a Madrid, en España, dura cerca de once horas. Entonces, el comandante de la aeronave, para ser consistente, debe abastecer el avión para tener autonomía de al menos quince horas de vuelo. En estos casos, sabiendo qué imprevistos pueden ocurrir en los aeropuertos y con el tiempo, el piloto se abastece de más combustible, garantizando un buen margen de seguridad. Además, el equipo de la aerolínea lleva a la aeronave una cantidad de comida, de acuerdo con el tiempo de viaje y el número de pasajeros.

Sería una gran e irresponsable inconsistencia saber el destino y el tiempo estimado de vuelo y, sin embargo, no preparar suministros ni otros cuidados capaces de evitar problemas en el vuelo. ¿No crees?

¿Ya dejaste de llevar las cosas necesarias en un viaje, incluso sabiendo a dónde ibas?

A veces cometía ese error. En un viaje a Boston, ciudad norteamericana donde hay gran bastión de brasileños, aun sabiendo que era invierno y la temperatura estaba negativa, llevé solo una chaqueta de esas finitas. Al llegar allá, además de pasar frío, tuve que comprar ropa, botas especiales y otros accesorios. Detalle: aquella compra excedió mi presupuesto.

¿Percibes cómo nuestras tareas y actividades necesitan tener conexiones adecuadas?

CONSISTENCIA PARA VISLUMBRAR EL FUTURO

Un caso que atiendo con bastante frecuencia en calidad de coach, es lo que llamo "soltería descontrolada" de una generación que busca amor y aceptación. La inconsistencia, en esos casos, está en la comunicación de lo que se quiere alcanzar.

Nunca vi a alguien que se arreglara para ir a una fiesta, se mirara en el espejo y dijera: "Hoy encuentro a alguien para casarme". No lo hacemos. El "vivir la noche", como dicen los cariocas, no es el lugar en el cual se va tras el "amor de su vida". Nadie va a una de esas agitadas fiestas de viernes por la noche diciendo: "Hoy es mi último día de soltero".

Sin embargo, hay personas que están haciendo exactamente eso en sus vidas. Ellas tienen un objetivo específico, solo que lo buscan en lugares donde no hay CONEXIÓN con su objetivo. Es decir, muchas veces, buscan sueños en el baúl de las pesadillas.

¡No se puede buscar lo correcto en el lugar equivocado!

Sé consistente

Volviendo a la entrevista de Neymar Jr., a los 12 años, él dijo que sería uno de los más grandes jugadores del mundo, que jugaría en el Barcelona y todo lo demás. La vida que llevó después de esa entrevista mostró que él fue consistente con aquella declaración sobre su sueño y su destino. Así, el resultado no podría ser muy diferente de lo planeado.

Neymar Jr. entrenó duro y disciplinadamente, desarrolló su talento para los dribles y patear la pelota, además de desarrollar otras habilidades que aparecieron a lo largo de los años. Fue protegido emocionalmente por la familia y el equipo de psicólogos del club, a fin de soportar días difíciles, las entrevistas capciosas, las derrotas en el campo y los problemas naturales que toda persona enfrenta en sus actividades y en la vida personal.

Las cosas no suceden como un pase de magia, ni para esos atletas que ganan millones al mes. Además, yo diría que la vida de un atleta, no solo en el fútbol, sino en cualquier otra modalidad, es uno de los mayores ejemplos de consistencia que el entorno empresarial puede tomar para sí.

Los atletas no pueden abusar de la libertad. Deben seguir rigurosamente la rutina propuesta, la dieta, los horarios de entrenamiento, las horas de recogida para el sueño. Si no lo hacen, en poco tiempo el cuerpo mostrará que algo está mal.

Soy amigo de varios jugadores de fútbol. Escribo este capítulo mientras me preparo para un viaje para dictar una serie de conferencias para atletas que juegan en Europa y en Asia. Lo que siempre me dicen es: "Tiago, los atletas se ocupan del cuerpo, su propia herramienta de trabajo".

¡Y el cuerpo no miente!

Si caminas fuera de la línea, la respuesta aparecerá rápidamente. Una noche mal dormida puede comprometer el trabajo de meses o incluso de años. Cada factor importa, cada área de tu rutina tiene implicaciones directas en el buen funcionamiento del cuerpo.

Leer el libro equivocado a la hora equivocada, caminar con las personas equivocadas, no cumplir compromisos asumidos, descuidar el reciclaje personal y la preparación técnica, no dedicar un tiempo de ocio con la familia, también cuentan. Es un conjunto de factores, no es solo un punto. Por eso, el título de este capítulo cuenta con la palabra "vida", y no "área" consistente.

Es necesario ensanchar la visión si deseas conquistar resultados palpables.

El conocimiento evita la inconsistencia.

Sé amigo de la sabiduría

Nadie que quiere ser feliz en el matrimonio puede entregarse a la pornografía, por ejemplo. Esto puedo ser una ruda afirmación, pero estudios hechos por neurocientíficos concluyen que el cerebro de la persona que se entrega a la pornografía es afectado por las imágenes, provocando variaciones intensas de placer que la realidad jamás podrá suplir.

Las parejas pueden sufrir en su vida sexual cuando insisten en la búsqueda de "algo más", tratando de innovar, hacer diferente, impresionar. ¿Por qué? Porque la pornografía, con la libertad que ella toma para sí de llevar la imaginación lejos de la realidad, establece un parámetro imposible de alcanzar en el cotidiano de las parejas.

Hay escenarios, maquillaje, falta de compromiso emocional y tantos otros factores que no cuentan en la vida real, en la rutina normal de una relación. A partir de este conocimiento resulta más fácil evitar esos "escapes" como la pornografía, pues ya sabes que ella desordenará la vida mental y, consecuentemente, la vida sexual y la convivencia de dos.

Las cosas no son diferentes en otras áreas de nuestras vidas. Es necesario asociar y preservar la conexión entre los factores correctos. Solo así podemos planificar y esperar que el resultado deseado suceda; esperar la conspiración favorable que nos conducirá al destino deseado.

> Ser inconsistente con tu destino es soñar en ser médico, y luego estudiar en la facultad de computación porque "está de moda" o "deja más dinero".

El sueño, que en general apunta un destino, debe estar ligado a la preparación que hacemos durante el proceso.

Yo uso mucho la palabra "inconsistente" o la expresión "falta de conexión" cuando estoy aconsejando a algún líder que quiere ser visto de determinada forma por sus pares. Con eso procuro llevarlo a hacer un autoanálisis y una crítica personal, si es necesario.

Hay personas que se vanaglorian por ser determinados tipos de personas. Sin embargo, en sus redes sociales, hacen posturas que revelan otra imagen, una totalmente diferente de lo que ellas dicen que son. Esto es una inconsistencia y de las grandes. Estas personas también demuestran esto en la conducta cotidiana. Dicen una cosa, pero hacen otra.

Es como aquel que vive contando que quiere adelgazar, que ya comenzó el "proyecto verano", pero, de vez en cuando, saca una foto de una comida grasosa, sea de una jugosa hamburguesa o una irresistible pizza de pepperoni.

A la hora de definir la mejor manera de construir su imagen, es necesario visualizar su situación de modo más amplio, englobando lo que piensa, lo que quiere y lo que hace. Esta ecuación dirá cuáles resultados ha obtenido por medio de los esfuerzos que hace y de los sueños que tiene. ¡El destino aparecerá o desaparecerá de su horizonte dependiendo de lo que está haciendo hoy, de la consistencia o de la inconsistencia del ahora!

Las personas que quieres alcanzar no leen pensamientos, pero leen posturas y notan las actitudes del día a día.

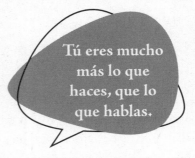

Tú eres mucho más lo que haces, que lo que hablas.

A lo largo de estos años en que vengo ayudando a las personas a encontrar su destino, he visto que la inconsistencia es un gran adversario de nuestro futuro. Me gustaría que empeñaras un poco de tus esfuerzos, reflexionando, visualizando y formando cuadros mentales que junten tu vida presente al futuro que deseas como destino.

Haz chequeos personales, procura imaginarte en el lugar de las personas a tu alrededor, aquellos que te observan, y cómo leen e interpretan tus palabras, mensajes de texto y fotos personales. Haz este ejercicio de alteración, de colocarte en el lugar del otro, y verificar si las personas logran ver consistencia en tus actitudes.

EL PESO DEL ORGULLO

Una de las formas más comunes de inconsistencia con tu destino es alimentar el ORGULLO. Los orgullosos no alcanzan el destino de forma plena, y no logran disfrutar del futuro con satisfacción.

En un sábado que nunca olvidaré, hace tiempo, mi hijo José, de 5 años, decidió dejar de hablarme. ¿El motivo? No le permitía jugar un juego de lucha en el videojuego.

Yo había pedido que se enfocara en los juegos de deportes, como el fútbol o la carrera de coches porque no lo quería expuesto a la violencia de los juegos. A pesar de recordarle mi decisión, José se puso nervioso, cruzó los brazos y gritó: "No soy más tu amigo".

Media hora después de esa sentencia, volví a hablar con él cariñosamente: "¿Y ahí, hijo, vamos a jugar?".

Él, de cara cerrada, insistió: «¡No quiero estar contigo!».

Dejé pasar veinte minutos para volver a hablar con él. Al final, el niño no guarda rencor por mucho tiempo. Solo que ese día, José estaba realmente molesto. Pasaron horas y él no quiso hablar conmigo.

Mi hijo se quedó toda la tarde sentado en el sofá sin importar que era sábado, el mejor día de la semana para jugar. Mi hija Julia, una princesa inteligente, ante aquella escena, sugirió: "Papi, ¿por qué no haces un dibujo de ustedes dos tomados de las manos caminando por un parque, y escribes la palabra AMIGOS debajo?".

Sonreí y acepté la sugerencia. Hice el dibujo con empeño, tratando de imitar su manera de dibujar. Pues bien, cuando estaba listo, fui hasta Josecito y entregué mi obra de arte. No tuvo ningún efecto. Resolví darle más tiempo y seguí con mis quehaceres.

Cuando la noche se acercó, fui a la habitación y empecé a arreglarme para el evento en el que participaría. Al salir de la habitación, ya listo, José estaba llorando y arrepentido. Él me abrazó y me dijo que me amaba. También lo abracé, y muy fuerte. Yo ansiaba aquel momento. Le dije a mi pequeño que siempre estaría allí para perdonarlo y amarlo. José sonrió, estaba feliz.

Sus ojitos brillaban y me dijo: "¡Vamos papi, vamos a jugar!".

Yo le respondí, explicando: "Hijo, ahora no tenemos más tiempo. El sábado acabó, necesito salir a mi compromiso".

¿Sabes lo que aprendí de eso? El orgullo te hace perder el tiempo que deberías estar disfrutando, siendo feliz, realizado y viviendo algo inolvidable.

El orgullo no sirve de nada si tu objetivo es ser feliz.

El orgullo es inconsistente con un destino próspero.

Abandona el orgullo y sé amigo de la humildad, pues así vas mucho más lejos de lo que piensas.

La madurez puede definir tu nivel de consistencia

Es bueno tener al niño dentro de ti, pero no comportarte como un niño. Las actitudes de niño son inconsistentes con la edad adulta. Sin madurez pierdes relaciones.

El resumen de este capítulo, por lo tanto, es: no vivas una vida inconsistente. Cualquier elemento en desacuerdo con tu objetivo debe quedar atrás.

Escribe tus sueños, haz una lista de tus habilidades, comprende dónde está tu zona de expulsión, y qué te llevó a ella si alguna vez la pasaste. Analiza si hay consistencia en lo que

haces hoy con respecto al futuro que deseas. La inconsisten-
cia es un gran enemigo de tu destino.

¡El futuro es brillante, sé consistente!

5

Recomenzar es inevitable

"Lo que es el fin para algunos, puede ser el comien-
zo de algo nuevo para otros".

Autor desconocido

Después de leer los primeros capítulos de este libro, puedes estar con ganas de decir: "Tiago, entendí cómo puedo alinear mi destino con el plan divino, pero ahora me parece demasiado tarde, ¿sabes? Debería haber leído eso años atrás...".

¡Quédate tranquilo!

Si crees que todo está perdido, este capítulo es para ti.

Sé lo que es recomenzar.

Desde niño, por influencia de la vida dentro de una iglesia cristiana, soñé con ser músico. En mi época, para tener una función en la iglesia, y eso era el deseo de todos, los niños parecían tener solo dos destinos: el grupo de música o el de teatro.

En casa, éramos tres hermanos y todos escogieron la música.

Comencé a aprender contrabajo. Daniel, teclado. Y Marcos, guitarra. Daniel, mi hermano del medio, pronto desistió de las clases de teclado. Yo y Marcos seguimos adelante.

Cuando te enamoras de un camino, empiezas a apreciarlo.

Yo, por ejemplo, pasé a buscar información sobre los bajistas profesionales. Me convertí en un lector voraz de las revistas que hablaban del mundo de la música.

Quería saber cómo tocaban, cuál es la diferencia entre sus estilos. Me lo tomé en serio e incluso estudié en la Escuela de Música Villa-Lobos, en Río, cuna de grandes músicos brasileños.

En la adolescencia, además de tocar en el grupo de música de la iglesia, formé parte de una banda que grabó un CD, algo más que natural para quien tenía mi objetivo.

Mientras mis colegas de la calle jugaban a la pelota los sábados, yo ensayaba en la terraza de casa con mis amigos de la banda. No era una broma. Yo me veía como un futuro músico profesional e incluso desarrollé talento en otros instrumentos.

Pasé toda mi adolescencia soñando con ese destino musical.

Aprendí a tocar batería, guitarra, teclado. Con mi banda, llegué a tocar en otros estados del país y el proyecto de ser músico parecía hacerse realidad cada día.

En el período entre la adolescencia y la juventud, experimenté una evolución en mi, digamos, carrera musical. Comencé a producir y grabar con otros músicos y conseguí un trabajo en un estudio súper conocido. Para un músico, eso es demasiado.

Poder trabajar dentro de un estudio y grabar sus propias canciones era un sueño realizado. Además, participé en la grabación de grandes artistas de la música brasileña.

Solo que, a pesar de esas conquistas, la "carrera" no había despegado como yo necesitaba. Me di cuenta de que era bueno en lo que hacía, pero había innumerables músicos mejores que yo. Vencer allí sería difícil.

Sin embargo, seguí "empujando" y solo caí en la realidad cuando empecé a pensar en casarme.

¿Cómo podría sostener a una familia llevando la inestable vida de un músico? Era así: cuando me contrataban para hacer arreglos para un CD, yo ganaba algún dinero. Cuando me llamaban para tocar en la presentación de algún cantante, yo era remunerado de alguna forma. Pero ¿y cuando esas invitaciones no llegaban?

Yo no era conocido como músico y definitivamente no era un experto en el ramo. Vivía entre períodos de tener poco y de vacas flacas.

Fue cuando tuve la oportunidad de quedarme un tiempo en Suiza, un hermoso país europeo, aprovechando la oportunidad de servir a una iglesia local como músico. Dios estaba conspirando a mi favor, mostrándome nuevos caminos y posibilidades, pero en aquel tiempo ni siquiera me di cuenta de eso.

Allí produje el CD de una iglesia y toqué varias pistas. ¡Era una realización y tanto: producir un disco en Europa!

Pero cuando volví no aguanté el contraste de las realidades. El dinero que gané allá fuera acabó rápidamente y me vi teniendo que luchar, una vez más, para tener dinero. La inestabilidad de la vida de música amenazaba mi gran sueño del momento: casarme con Jeanine.

Yo necesitaba un salario fijo para pagar las cuentas sin pasar necesidades. No podía esperar más a que alguien me llamara para una grabación o para un espectáculo.

Fue difícil, muy duro, pero decidí, a los 20 años, enterrar "mi sueño musical". Yo era buen músico, pero no el mejor para ser contratado todo el tiempo, ¿entiendes? Estaba enamorado del sueño de ser músico profesional, pero entendí que había desafinado.

En este punto de mi vida, me apegué a otra pasión: el turismo. Esta nueva pasión solo fue posible porque como músico fui a pasar un tiempo en Europa.

Estimado lector, NADA es por casualidad. Somos el objetivo de una conspiración divina, de un plan trascendental.

Ese tiempo que pasé en Suiza me abrió los ojos, pues pude viajar por casi toda Europa y conocer varias culturas. Me di cuenta de que podía trabajar con turismo, indicar lugares y compartir mis experiencias. Ya estaba hablando en inglés, español e italiano. Me animé por la carrera de turismo.

Tenía otra cosa buena para ese ramo: a causa de las relaciones que hice en las iglesias, con las bandas musicales y los empresarios, conocía a muchas personas a las que podría vender paquetes de viajes. Y fue exactamente lo que hice.

Conseguí una vacante de contratista libre en una agencia de turismo y pasé a ofrecer viajes a quienes conocía. El cambio de ramo fue complicado. Los dos caminos tienen una naturaleza completamente diferente. En uno tocaba música y recibía un pago. En el otro, tenía que ofrecer productos. Pero aprendí a ser un vendedor de viajes. Tiempo después fundé mi propia agencia de turismo.

Fue con mucho esfuerzo y determinación que conseguí recomenzar mi vida profesional. El músico salió de escena y dio lugar al profesional de turismo.

En el vuelo de la vida no confundas una escala con el destino.

Fui muy feliz en aquel período; conocí lugares y personas increíbles por los países que pasé. Cuando yo era músico, me preocupaba si tenía alguna invitación para el fin de semana, aunque fuera tocar en un barrio vecino. Como agente de turismo, me acostumbré a cruzar fronteras. Un día estaba almorzando en Roma, por ejemplo. Otro estaba guiando a un grupo por Israel.

Fue una actualización, pero todavía no era mi destino final; era solo una parte del camino.

Pero, como ya dije en otros libros, ser agente de viaje o empresario de turismo tampoco era mi futuro, y después de una quiebra financiera y emocional, tuve que recomenzar otra vez para llegar a donde estoy hoy.

Aprendí mucho con esas experiencias, mucho.

Hoy, entiendo que el recomenzar es la única oportunidad de vivir nuestro destino profético.

Recomenzar no es fácil, pero es placentero

Veamos: se sabe que una de las actividades que dan mucho placer al ser humano es comenzar un nuevo proyecto. Soñar con la realización de algo hace bien a todo el mundo. En esta lista imaginaria, podemos colocar aquellos momentos en que estamos dispuestos a juntar dinero y planificar el viaje de los sueños, estudiar un curso nuevo que abrirá puertas profesionales mejores, entrar en un nuevo empleo que tenga un ambiente saludable y buen salario, iniciar el negocio propio.

Todas estas cosas estimulan y entusiasman nuestra vida interior. Nos hacen ver el mundo con alegría, con esperanza, con optimismo. El entusiasmo se encarga de nuestro día a día. La vida, sin embargo, no se hace solo con el comienzo. Los medios son complicados. Los finales, a veces, son terribles.

No vivimos comenzando proyectos todos los días o realizando sueños todo el tiempo. Lo peor es que no todo sucede en nuestra vida como fue planeado. ¿Es o no es?

El flujo ideal de acontecimientos sería ese: comienzo, crecimiento, éxito y final feliz. Pero no es así como la vida funciona. Al menos no para todo el mundo.

Tal vez unos digan: "Ah, en mi vida nada funciona", o "Dios mío, ¡cómo yo querría que todo fuera victoria y crecimiento!" o "No sabes lo que pasé".

Es posible que estés reflexionando en esto ahora, pensando y teniendo amargos recuerdos de tiempos en que los planes que comenzaste no salieron de la manera que esperabas ni funcionaron como previste. Algunas personas te fallaron, se acabó tu matrimonio, fuiste humillado, avergonzado o entraste en una situación de dificultad emocional o financiera, tal vez incluso con serias privaciones en el día a día.

Esto es, créeme, relativamente común en escenarios socioeconómicos como el nuestro. Pero la buena noticia es que tu pasado no determina tu futuro.

La decisión de recomenzar, incluso ante lo que parece imposible, puede ser la mejor opción para garantizar tu futuro. Lo que siembres en este nuevo comienzo provocará tu cosecha más adelante.

El PASADO está en tu mente, pero el FUTURO está en tus manos. Suelta las semillas.

LA FRUSTRACIÓN ES EL RESULTADO DE EXPECTATIVAS NO REALIZADAS

Recientemente, el Gobierno Federal brasileño anunció la reanudación de la tan esperada transposición de las aguas del río San Francisco, en el nordeste, que hoy consiste en crear canales por el territorio de cuatro estados de esta región brasileña asolada por la sequía. Así, las aguas del Viejo Chico, como se llama el río, llegarían a ciudades y aldeas carentes de ese tan precioso líquido. La idea del proyecto surgió aún en la época del Imperio, en el siglo XIX, pero solo a principios de los años 80 fue que empezó a ganar fuerza.

El anuncio del gobierno hizo que un grupo de emprendedores se movilizara y creara una economía prometedora en regiones donde las obras estaban empezando. Se abrieron tiendas y servicios. El fomento de la economía local llevó alegría y esperanza al pueblo. La tendencia era que el crecimiento de la expectativa acompañara el avance de las obras.

Muchos de esos pequeños comerciantes y microempresarios entraron en el banco, tomaron préstamos en el microcrédito y también préstamos de mayor monto. Todo era un escenario montado para la prosperidad, para el crecimiento. Era solo esperar por el crecimiento.

Solo que las obras no anduvieron en algunas de esas regiones. Hubo cambio de gobierno, cambio de gestores. Y todo esto retrasó aún más. Algunas ciudades y aldeas consiguieron la tan soñada gloria traída por las aguas del río San Francisco, como la región de Campiña Grande (Paraíba).

Pero otras simplemente no vieron ninguna gota siquiera. Aquellas personas animadas y vibrantes quedaron sin esperanza; casi todas, endeudadas con el banco y otros acreedores. Era necesario levantar la cabeza y recomenzar.

Hay muchas historias conocidas que presentan la narrativa sobre la vida de personas que estaban en una situación bastante cómoda y segura, pero, de repente, todo se vino abajo y hubo que encontrar fuerzas en medio de los escombros, pues la vida no se detiene cuando nuestros planes y sueños son frustrados.

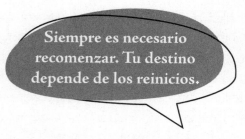

Siempre es necesario recomenzar. Tu destino depende de los reinicios.

Conocemos bien la historia de José. Aquel que se convirtió en el hombre, o mejor, el príncipe de toda una época, en la cima del poder del mayor imperio del mundo antiguo. Él fue al desierto obedeciendo una petición del padre, pero no sabía que iría a RECOMENZAR.

Durante su infancia y juventud, comió de lo bueno y lo mejor. Aun así, tuvo que aprender a lidiar con la necesidad de un reinicio. Solo que José creyó que, además de su integridad y de su voluntad de vencer, no estaba solo. Había algo más grande con él.

Por haber soñado lo que soñó, José realmente estaba convencido de que la fuerza divina tenía un destino diseñado para él. Entonces, en vez de desistir, José se reinició.

Recomenzar es una especialidad divina.

Mira el caso de la historia de Noé, que tuvo lugar más de dos mil años antes de Cristo. El mundo estaba en una profunda decadencia debido a las actitudes de los seres humanos. La violencia y el desamor desbordaban en el día a día de aquella civilización. Todo aquello, por supuesto, desagradaba al corazón de Dios. Cansado de tanta maldad, Él toma una decisión: *"He decidido el fin de todo ser, porque la tierra está llena de violencia a causa de ellos; y he aquí que yo los destruiré con la tierra"* (Génesis 6:13).

El Todopoderoso estaba decidido a acabar con su propia creación. Era la forma de poner fin a lo que le desagradaba. Solo que, en algún momento, Él puso los ojos en Noé, un hombre bueno, justo, casado y padre de tres hijos. En Génesis 6:8, está registrado que *"Noé halló gracia ante los ojos de Jehová".*

Fue suficiente para que Dios se alegrara. Un hombre. Un buen corazón. Y entonces, Dios, en vez de DESTRUIR, ¡decide RECOMENZAR!

La historia es muy famosa. Noé, bajo la instrucción divina, construye una gran embarcación de madera, llamada el arca. Embarcados, Noé, su familia y varias especies de animales, sobreviven al terrible diluvio que azotó la tierra por cuarenta días y cuarenta noches. En el exterior del arca quedaban agua y muerte.

Cuando las aguas bajaron y Noé, su familia y los animales dejaron el arca, un nuevo mundo estaba empezando.

Si hasta Dios recomenzó, ¿por qué te resistes a recomenzar?

RECOMENZAR PARECE TRÁGICO, PERO PUEDE SER EL COMIENZO DE TUS MEJORES DÍAS

Otro ejemplo bíblico de recomienzo está en la historia de Rut, una moabita, es decir, natural de la región de Moab, al sureste de Israel, también en el mundo antiguo.

Así como José, Rut creía en lo que venía de arriba, en lo que es mayor que todos nosotros. Según los teólogos, ella vivió cerca del año 1200 antes de Cristo.

Rut se había casado con un marido hebreo; y este, como dice la historia, también era temeroso del Dios de Israel. Pero el hombre murió prematuramente y dejó sola a Rut, lo que en aquella época era algo muy complicado para una mujer.

A veces perdemos personas y quedamos desamparados. Perdemos cosas que nos mueven el suelo. ¿Entiendes? En el círculo social de Rut solo tenía su suegra. Sin embargo, la mujer había dicho que, con la muerte de su hijo, Rut debía volver a su tierra natal.

La viuda no aceptó tal orientación. Se apegó a la suegra con un amor genuino y poco visto por ahí, pues ella le había dado el marido que tanto amó. Rut, con la firmeza de sus palabras, convenció a la suegra, y las dos fueron a Israel. Allí, se enfrentó a uno de los retos más desafiantes que podemos imaginar, ya que ella necesitó aprender a reanudar incluso una tradición, costumbres, ¡todo! Era otro país, otro pueblo, otra religión, otro tipo de alimentación.

Recomenzar no es fácil, pero es la mejor opción para quien ha caído. Reanudar es necesario si queremos tener un fin mejor que el comienzo.

En la nueva tierra, Rut fue presentada a Boaz, un próspero dueño de tierras. Al cosechar cereales en el campo de aquel hombre rico, acabó acercándose a él. Boaz, por su parte, fue cortés, gentil y amó a Rut.

Hoy en día no es fácil que eso suceda. ¡Imagínate hace tres mil años, cuando la opresión contra la mujer era mucho mayor!

Sin embargo, nada de eso impidió que una viuda se casara con uno de los hombres más admirados de la ciudad; una viuda, hace tres mil años, en pleno Oriente Medio.

¡Hay una conspiración a tu favor!

En mi libro *El mayor poder del mundo*, explico que quien posee la gracia, ese favor, esa simpatía divina, siempre es el elegido en medio de miles que están en la fila.

Algo mayor está a tu lado. Todo lo que tenemos que hacer es CREER y seguir adelante.

Solamente eso.

Todo lo que necesitas para recomenzar es FE; creer en lo que aún no se ve.

Rut se casó con Boaz, y la estabilidad financiera y emocional que tenía en su país era "nada" comparada con la nueva situación de abundancia y prosperidad que encontró en su recomienzo. La felicidad se volvió rutina. Y además: Rut y Boaz tuvieron un hijo, creando el linaje del cual saldría el rey David. Rut, que ya había sido una viuda desamparada, reanudó su vida y se convirtió en la bisabuela del rey más importante de todo Israel.

> ¡El recomienzo parece difícil, pero puede ser el comienzo de la mejor fase de tu vida!

¿Cuál fue la situación que te llevó a la necesidad de un reinicio?

¿Quebraste financieramente?

¿Fuiste destruido social o emocionalmente?

¿Te equivocaste en tu vida espiritual, cometiste pecados?

¿Sufriste humillación pública a causa de errores de planificación o errores de otros?

ESPIRITUALIDAD

En la vida espiritual aprendemos de las experiencias pasadas. Por ejemplo: cuando miento a alguien, me debilito espiritualmente. Me siento vulnerable a ataques más densos en esa área.

Un abismo llama a otro abismo. Para mantener una mentira que ha sido contada voy a necesitar cometer otros errores. ¿Lo entendiste?

Para muchos, este efecto es inimaginable. En el intento de minimizar el hecho, algunos incluso dicen: "Es solo una mentira".

Pero el acto de mentir es como probar una comida. La persona coloca una cucharada en la boca, mastica y traga. La comida va al estómago y deja un gusto en la boca. La mentira tiene una acción invisible muy similar. No tarda, y la persona ya prueba otra "cucharada".

Cuando deseo lo que no es mío, me convierto en blanco fácil para la envidia, que, en realidad, es un desequilibrio espiritual. Entonces, necesito sobrevivir a eso y aprender de la mala experiencia. Una vez que aprendí la lección, decido no mentir, no desear lo que es de los otros, y así me blindo espiritualmente. En el fondo, me siento fuerte y aumenta en mí el deseo de conectarme con algo mayor por medio de conversaciones íntimas (lo que llamamos la oración).

Pero en la vida emocional, como también en la financiera, no queremos tener esas experiencias, pues las vemos demasiado negativas para soportarlas.

Parece que es más fácil buscar ayuda espiritual, que emocional y financiera.

Oímos, leemos, queremos saber de esas experiencias en la vida de los demás. ¡En la nuestra... nunca! De preferencia, que se queden lejos. No queremos experimentar situaciones así, porque implica tener que empezar desde cero; es decir, recomenzar.

Sabemos que podemos errar por nuestra cuenta algún día. Pero no siempre tenemos la conciencia de que, en alguna situación, el error será cometido por otra persona; solo que la cuenta a pagar será colocada en nuestra mesa.

José y Rut son buenos ejemplos de ello, también. Él no cometió errores, pero sus hermanos lo envidiaban. Rut perdió su marido y se quedó sola. ¿Qué culpa tuvo ella? ¿Cómo podría detener la muerte?

Hay desencuentros y pérdidas inevitables en esta vida. Por lo tanto, lo importante no es saber llorar y conformarse. Lo importante y necesario es estar siempre dispuesto a recomenzar. Porque nuestro destino depende de ello.

¡El destino es todo!

Nosotros podemos hacer planes, idealizar, soñar, pero no podemos perder de vista que hay un plano superior y que, incluso cuando todo cambia de la noche a la mañana, TODO está bajo el control de Dios.

Estas líneas arriba pueden parecer angustiantes para unos y esperanzadoras para otros. Pero, que quede claro, no estoy diciendo que esto va a suceder, tarde o temprano, en la vida de todos. Si tus propósitos están alineados con el plano superior, tu vida seguirá en línea recta, directamente hacia la felicidad.

Pero si estás viviendo una vida que no es la tuya, pronto vas a golpearte de frente con la realidad. Es en ese punto –que muchos conocen bien– que necesitas optar por recomenzar, y recomenzar de la manera correcta.

¿Recuerdas que más arriba te hablé de la oración?

Esta es la forma de conectarse con Dios. Muchos solo saben pedir la realización de sus sueños. ¿Y quién dijo que tu sueño es el mejor para ti? ¿Y si tú, simplemente, hablaras así?: "Y ahora, Dios, ¿a dónde debo ir?".

El sueño de mi hijo de 5 años es tener un Ferrari, pero no puedo dárselo. ¡No tiene sentido!

Siendo así, como niños que somos delante de Dios, en vez de pedir lo que queremos, deberíamos decir: ¡Sea hecha Tu voluntad!

Porque la mente humana es ágil en crear mil posibilidades de acción y reacción. Pero es Dios quien sabe el mejor camino. ¿Sabes por qué? Porque Él ve desde lo alto. Él ya vio el futuro.

Cuando te colocas en esa posición, la de oyente, la Conspiración Divina entra en acción.

Puede que surja alguien que ni siquiera te imaginabas que existía, para ofrecer exactamente lo que necesitas.

Tal vez recordarás algo que sucedió hace años y que ahora es la lección perfecta para solucionar tu situación.

Todo va cooperando para que puedas levantarte y recomenzar tu camino. ¿Puede no ser en el tiempo que deseas? Puede ser. Pero... ¿lo mejor llegará al final? Por supuesto.

"A los que aman a Dios, todas las cosas les ayudan a bien".
Romanos 8:28

Después de eso, camina al lado de personas que saben más que tú, oye consejos de quien vence, y ten mentores.

El siguiente paso es observar los resultados de tu camino. Si no son buenos, hay que repensar en la marcha. Si tus estrategias hasta hoy no han tenido éxito, tal vez sea el momento de realinearlas.

Recuerda que es importante tener en cuenta que lo que pensamos y vemos como pérdidas y desviaciones del plan original, puede, en realidad, ser el aprendizaje que nos llevará a una vida más sólida y próspera.

Esta es la clave del recomienzo: si estamos confiando en la conspiración divina, el control de la situación no estará en nuestras manos.

Debemos tomar decisiones con la intención de alinear nuestra vida con el Plan Superior. La actividad es nuestra, sin embargo, la dirección será siempre de Él.

Sin duda, hoy en día vivo mi destino. Viajo por el mundo transformando la vida de las personas a través del conocimiento, en la forma de conferencias, exposiciones bíblicas o libros. Pero pasé por el "valle de sombra de muerte": depresión, ataques de pánico, quiebra financiera y humillaciones indecibles.

Si pasé por eso, ¿cómo estoy de pie hoy cumpliendo mi propósito? Porque decidí RECOMENZAR usando los conceptos que te he enseñado hasta ahora.

Continúa leyendo este capítulo con total atención. ¡Para mí funcionó!

LOS DOLORES DE LA CAMINADA

Mientras consideramos nuestro dolor y damos a él más valor de lo que realmente merece, mientras que la fuerza que él ejerce sobre nosotros es más fuerte que nuestro GPS espiritual, mientras que su pérdida cause mayor sufrimiento, lamento decirte que, sin la voluntad de rehacerte, quedarás caminando en círculos, sin avanzar a ningún lugar.

Pero cuando sucede lo contrario y encaramos seriamente la realidad de la situación, y tomamos la decisión de recomenzar con la SABIDURÍA divina, es cierto que haremos todo diferente de lo que hemos hecho.

De nada sirve recomenzar haciendo las mismas cosas que antes.

La necesidad de recomenzar nos ofrece la oportunidad de tener una nueva mirada sobre la vida, las personas, el mundo, los negocios, las relaciones sociales; sobre todo.

Y poder dar una nueva mirada en medio del caos es una oportunidad que pocos aprovechan. ¡Así fue como mi vida cambió!

En medio de la peor fase de mi vida, decidí no sufrir, sino aprender de todo aquello. Recomencé lejos de TODOS los errores que un día me hicieron caer.

Hay personas que se iluminan y logran ver lo que es bueno en medio de una situación nebulosa. En el principio del libro de Génesis, el autor comienza diciendo que los cielos y la tierra habían sido creados.

Los estudiosos hablan de que esa primera afirmación fue un hecho consumado: cielos y tierra fueron creados y finalizados. Pero la frase siguiente dice que la tierra estaba sin forma, esto es deformada, vacía, y había caos en el planeta.

Según los teólogos, entre la primera afirmación y la segunda hubo un desastre que pudo haber sido la caída de un meteorito o, según otra corriente, la caída de un ángel expulsado del cielo. Esto no importa aquí, lo que interesa es el resultado: la tierra quedó sin forma y vacía, y había tinieblas sobre ella.

Dios había concebido una situación, pero al mirar al planeta, vio que lo que había creado fue destruido completamente. ¿Qué era necesario hacer?

Recomenzar, y eso es lo que hizo.

Entonces, enseguida el texto dice que hubo una acción sobrenatural y, de ahí en adelante, tú conoces la historia: hubo luz, hubo tierra seca, surgieron los mares, las plantas, los animales, los peces, las aves y, finalmente, el hombre fue creado. ¡Eso se llama recomenzar, y el experto en recomenzar es Dios!

¿Qué lección práctica podemos sacar de eso?

La lección que hago entre este ejemplo y nuestro día a día, es sobre el caos que estamos sujetos a enfrentar. Hay días que los meteoritos caen en lo que estábamos construyendo. Podemos reclamar y desistir, o aprender y recomenzar.

Es posible que las personas no renueven su concepto respecto a nosotros y continúen viéndonos con los mismos ojos. Es posible, como de hecho sucede, que nos den las mismas credenciales después de que sufrimos pérdidas, caídas o quiebras.

> **Nadie continúa igual después de superar un dolor.**

El problema, entonces, no estará en nosotros, sino en ellas. Es como dice una famosa frase de Jesús: *"Pero si tu ojo es maligno, todo tu cuerpo estará en tinieblas. Así que, si la luz que en ti hay es tinieblas, ¿cuántas no serán las mismas tinieblas?"* (Mateo 6:23).

De lo contrario, personas que buscan ver buenas cosas en medio del caos tienen luz en los ojos, y esa luz ilumina todo su cuerpo, su vida y su camino.

¡Esa persona irradia!

> **Nuestra fuerza interior y la acción transcendental sobre nosotros no serán iguales.**

Recomenzar es una oportunidad

Cuando estamos conduciendo guiados por un GPS y entramos en una calle equivocada, automáticamente él habla: "Recalculando la ruta". Qué alivio inmenso es saber que tuviste la oportunidad de volver al camino correcto. Una de las ventajas de recomenzar es que tenemos una manera de mirar con luz la nueva situación que tenemos ante nosotros; no tenemos que cometer los mismos errores del pasado. Es tan bueno cuando la persona aprende con los errores y busca innovar, hacer diferente, eludir un caso negativo. Pero antes de eso, hay que aprender de lo que pasó.

¿Cuál es la oportunidad que hay cuando el caos se instala, cuando hay una quiebra o una gran pérdida?

Dios ama tanto el recomenzar y tiene tanta luz sobre eso, que vislumbró la oportunidad de salvar a toda la humanidad que creyese, cuando la situación en el antiguo judaísmo se puso insostenible. Las ceremonias, rituales y liturgias del judaísmo antiguo no podían llevar siquiera a los propios judíos al arrepentimiento y a un cambio de vida. ¿Qué diría de los otros pueblos?

Pero era necesario hacer algo en el campo espiritual y simbólico que transformase la situación fallida en la que los sistemas religiosos y filosóficos se encontraban. Entonces, Dios decidió enviar una parte de Sí mismo en forma humana: Jesús, para que así el tiempo de la Ley y las reglas terminase y se abriera el tiempo de la Gracia.

El tiempo en que tenemos acceso directo a Dios.

Él cambió los medios aprovechando la situación negativa, y creó la Iglesia a partir del "recomenzar", a partir del evento "Cristo".

A Dios le encanta recomenzar y siempre lo hace mejor que antes. Aprendamos con Él.

Es interesante una charla de Jesús que leeremos a continuación. Ella nos saca del caos espiritual y social de la religiones, de las costumbres y culturas, y nos da la oportunidad de sintetizar un recomienzo.

Sabemos que la evaluación comparativa en las religiones y filosofías orientales es el camino ideal para el equilibrio.

Ese pensamiento es recurrente en los textos y en la práctica cotidiana en los pueblos de la India, China, y el Oriente en general. Ellos buscan "el camino" ideal.

Ya entre los griegos, que dieron el fundamento de toda la filosofía occidental, la gran búsqueda era por la verdad; la pregunta de Poncio Pilatos en el tribunal refleja eso:

¿Qué es la verdad?

Ya en las religiones de matriz mesopotámica y cananea eran marcadamente ritualistas. En general, sus ritos implicaban sacrificios de sangre, porque, para ellos, por la sangre se obtenía el rescate de una vida perdida.

Sucede que en estos sistemas que iban de oriente a Occidente, no estaban funcionando más. Ya no promovían un cambio en la disposición mental de las personas, ya que estas cayeron en el tradicionalismo, en lo mismo de siempre. La vida no tenía los resultados y avances esperados.

Es tan perverso cuando nos acostumbramos con una situación, pues la costumbre te lleva a hacer las mismas cosas siempre de la misma manera. Queda excluida la necesidad de innovación, de reformulación. En esos casos, es bueno que haya un trauma, una caída, pues es de ahí que surge la oportunidad de cambio.

Volvamos al caso de los tres grandes sistemas filosóficos-religiosos de esa época. Cuando Jesús alcanzó determinado punto en su trabajo, cuando Él alcanzó un punto clave de sus discursos y manifestaciones de cura y milagros, fue hecha una declaración que pocos entendieron: *"Jesús le dijo: Yo soy el camino, y la verdad, y la vida; nadie viene al Padre, sino por mí"* (Juan 14:6).

Jesús estaba proponiendo un recomenzar para todas las religiones y todos los sistemas filosóficos del planeta, a partir de Su persona.

Era un recomienzo unificado, centralizado en Él, para que no hubiera más fricciones, sin guerras, sin pérdidas, sin condenaciones. Todas las veces que nos dividimos, sufrimos con eso. Pero todas las veces que nos unimos a Dios en su plano sobrenatural, sin duda encontraremos nuestro destino.

Jesús fue el único en predicar el amor incondicional: amar a nuestros enemigos, orar por los que nos persiguen. Si el mundo hubiese seguido sus consejos, no tendríamos tantas pérdidas en guerras, corrupción y destrucción social como vemos hoy.

Si quieres aprender a ser alguien relevante en esta tierra, estudia la vida de Jesús.

¿QUÉ HEMOS HECHO CON LAS OPORTUNIDADES QUE NOS FUERON DADAS?

Sabemos que en el plano transcendental, Él nos llevará a un futuro de paz y prosperidad. Oportunidades y nuevos recursos están disponibles cada mañana para cada uno de nosotros, para que enfrentemos las cuestiones diarias.

Puedo recomenzar la dieta que le dará un destino saludable a mi cuerpo.

Puedo recomenzar el propósito de tratar a las personas que amo con más amor y respeto.

Puedo recomenzar tantas cosas; cada mañana nace una nueva oportunidad.

Cada mañana es un nuevo comienzo.

Si esos recursos son renovados diariamente, nos queda responder una pregunta: ¿Qué hacemos con ellos?

La abundante misericordia divina que hemos recibido por poder vivir, crecer y emprender en un país, debe ser notada por nosotros. Es un hecho que la misericordia es renovada cada mañana.

Creo que sería imposible para cualquiera de nosotros agotar el suplemento diario de esos recursos. Aun así, el plano sobrenatural no precisa que acumulemos para el día siguiente lo que recibimos hoy, porque al día siguiente habrá nuevos recursos, nuevas ideas, nueva fuerza interior.

Dios aparecerá con una nueva provisión de oportunidades, nuevas puertas serán abiertas, nuevos contactos van a aparecer delante de nosotros, nuevas perspectivas surgirán al ver los problemas con la madurez del día de mañana. Esto sucederá porque Él tiene, para cada uno de nosotros, un propósito maravilloso y bendecido cada mañana.

Es curioso que las Escrituras digan que las misericordias en nuestra dirección son nuevas cada mañana y que hay fuerzas sinérgicas a nuestro favor.

Esas fuerzas son todas aquellas que nos favorecen a fin de llevarnos del punto A al punto B. Ellas pueden ser circunstanciales, accidentes de los cuales sacamos provecho, aquella "feliz coincidencia" de conocer una persona clave en una fiesta o en un ascensor.

Hay varias cosas que pueden ser señaladas aquí. A pesar de que seamos infieles, displicentes con nuestro futuro, la conducción de esas fuerzas movidas por el plano sobrenatural y Aquel que rige ese plano, siguen fieles. Él no cambia con las circunstancias, ni cambia de acuerdo con nuestro humor. ¡Qué bueno que sea así!

Es muy común ver personas que buscan rodearse de creencias, supersticiones y rituales cotidianos, pensando que así pueden protegerse del mal de ojo, del ojo grande o la maldad. Pero de hecho, ¿que nos irá a proteger de las fuerzas del mal, del mundo espiritual y también de las fuerzas del mercado y la economía? ¿Qué nos irá a llevar al destino tan deseado?

Retén aquello que está atado a la madurez y a la sabiduría para tu recomenzar. Y no trates de aferrarte a aquello que es necesario que salga de tu vida. Esto también es válido para personas que están a tu alrededor.

Celebra quién entra en tu vida, pero no reclames sobre quien sale de ella.
Tiago Brunet

Mira la historia de grandes directores generales, profesionales innovadores, creativos, y de altísimo rendimiento. En el inicio de sus carreras, ellos estaban inmersos en un contexto A, que es donde el comienzo es dado para el proyecto que hará de ellos el punto de referencia en determinada área o campo de conocimiento, de la tecnología o cualquier otra área de emprendimientos.

En ese momento A, sucederán hechos necesarios para aquella etapa del viaje, aparecerán personas que fueron parte de las redes de relaciones en una situación específica, los recursos estarán a mano.

Sucede que estos grandes hombres no nacieron grandes. El recomenzar no es el auge de la historia, o el momento delirante de la película, o el gran final del espectáculo.

En el momento B, esa persona, destinada por algo mayor para una gran innovación o una revolución de los paradigmas, tiene otras prioridades, otras necesidades, que no fueron las mismas del primer momento.

Siendo así, hay recursos y capital humano que la nueva situación requiere. Por eso, es necesario estar atento para ver esa transición sutil y estar preparado para desprenderse de aquello que fue apropiado al momento que ya pasó.

De lo contrario, el adulto no saldrá de la casa de sus padres a los 30 ni a los 40 años, no se casará, no tendrá hijos, no alcanzará a volar, nunca llegará a tener autonomía. Es como aquel sujeto que no consigue desprenderse del hueso, y que llega a sentarse a comer un banquete con los grandes.

Quizá nosotros tenemos el hábito de quedar presos a personas y cosas, pero Dios no tiene ese hábito. Cada mañana, Él borra las cosas negativas del día anterior y abre un archivo nuevo.

Es por eso que Él es especialista en comenzar de nuevo, porque no tiene que arreglar las cosas equivocadas, no trata de convencer a las personas de que ellas fallaron, no discute insignificancias y no se aferra a detalles dispensables, a cuestiones de gusto personal. Él no pierde tiempo con nada que sea pequeño y que nos impida avanzar a pasos grandes. Dios no piensa pequeño, no es tímido, ni escatima sus bendiciones.

Nuevos comienzos, nuevas compañías

Para finalizar, precisamos concientizarnos de que estos nuevos comienzos son condicionales. Un ejemplo bastante conocido está en la oración del Padre Nuestro, cuando dice: *"Y perdónanos nuestras deudas, como también nosotros perdonamos a nuestros deudores"* (Mateo 6:12).

Esa expresión "así como" es una analogía propuesta por Jesús. Él quiere que tomemos acciones pensando en lo colectivo, en una red de relaciones: haz a los otros lo que esperas que los otros te hagan a ti.

Esa es la clave.

Dios está confabulando a tu favor en este momento exacto; Él está preparando algo para que el próximo tiempo sea de buenas noticias para tu camino.

Tú experimentarás la conspiración sobrenatural en tu vida cuando estés pronto a recomenzar. Y para que eso suceda, es necesario usar herramientas virtuosas que te han sido dadas por medio de las dificultades diarias, como la madurez y la sabiduría. ¿Entendiste?

"Todo lo que se quiere debajo del cielo tiene su hora."
Eclesiastés 3:1

Necesitarás discernimiento para saber por cuáles puertas no podrás entrar, qué caminos no podrás andar, de qué personas precisas alejarte y cuáles son las que debes tener cerca.

Al comenzar algo nuevo, rumbo a la nueva fase, ¿que irá a quedar atrás y que te acompañará?

En la vida de Abraham, hubo familiares y amigos que salieron con él cuando Dios lo llamó a la fase B. Sin embargo, había una fase C, y en esa fase a Lot, su sobrino, fue necesario dejarlo atrás. Solamente así Abraham pudo avanzar.

En tu nuevo comienzo, no todos los que formaron parte de tu pasado estarán contigo en tu futuro. ¡Ve acostumbrándote a eso!

¡Dios está en el control de TODO!

6

No dejes nada para mañana

"El deber postergado es el placer del diablo".
Dicho popular

Muchas personas no viven su destino, pues dejan para mañana lo que deberían haber hecho hoy. Hay personas dejando para después un almuerzo de negocios que cambiaría su vida financiera, por ejemplo. La falta de conocimiento ciega los ojos de aquellos que deberían ver las oportunidades.

La búsqueda por el futuro personal y exitoso implica, como cualquier otro proyecto de vida, la organización interior de los procedimientos, de los recursos disponibles, además de la planificación de etapas y otras acciones específicas que están de acuerdo con el camino que estamos trillando.

¡Nada es por casualidad, destino es todo!

Pero, ¿cómo alcanzarás y vivirás tu destino si no haces lo que debes hacer HOY?

Jesús pensó en dejar para después su misión cuando dijo: "*Si es posible, pase de mí esta copa.*" (Mateo 26:39)

Pero como sabemos, el Maestro era perfecto y nos dio ejemplo en todo. Él venció el miedo, la procrastinación y entregó su vida sabiendo que era el momento adecuado para hacerlo. Créeme: si quieres entender sobre el destino, tienes que estudiar la vida de Jesús.

Los enemigos del camino

El enemigo número uno de toda organización, evaluación, planificación y ejecución de acciones estratégicas en nuestra vida se llama PROCRASTINACIÓN. Es decir, dejar para mañana lo que puedes y debes hacer hoy. Por cierto, ese es uno de los más antiguos consejos de este mundo, y con certeza ya has escuchado esto antes.

El paso inicial es centrarse en la cuestión número uno: la organización interior.

La organización interior no es más que parar para pensar, reflexionar o filosofar sobre ti y tus movimientos. ¡Yo hago mucho eso!

En la vida, como en un juego de ajedrez, necesitamos pensar y movernos. Créelo: fue ese simple acto de pensar y moverme, pensar y moverme, pensar y moverme, lo que me hizo correr más rápido hacia mi destino. No atrases ninguna jugada en el tablero de la vida. Tal vez por eso estoy viviendo lo que vivo hoy.

Pensé en mi futuro cuando aún no existía. Pude moverme para que él se hiciera realidad, pues había un proyecto, una organización interior. ¿Lo entiendes?

Organizarse internamente es pensar con seriedad acerca del problema que estamos enfrentando, y no solo preocuparse por él. Lo mismo aplica en cuanto a tu futuro. Si preocuparte no resuelve, pensar y moverte, ¡sí!

Organizar es evaluar tu posición en el juego de la vida, tus recursos en mano, tu base de seguridad (en mi caso, la familia y mi vida espiritual), los recursos futuros y las responsabilidades que deberás asumir para tomar el control de tu existencia. La falta de organización es y siempre será uno de los enemigos de nuestro futuro brillante.

Cuando comienzas a vivir tu destino, te beneficias mucho, pero créeme que no eres el único. Hay personas a nuestro alrededor que serán enriquecidas por lo que tenemos, sabemos o hacemos. Siempre que descubrimos nuestro futuro, montamos proyectos que ayudan a muchas personas.

> Si el destino es divino, trae beneficio colectivo y no solo individual.

En el caso de Martin Luther King Jr., el gran líder del movimiento pacifista que buscaba la igualdad en los Estados Unidos, él cumplió su destino de luchar, liderar, inspirar, y todos los afroamericanos se beneficiaron. Antes de Luther King Jr. y otros importantes activistas del movimiento, los afroamericanos estadounidenses no podían votar, entrar en ciertas tiendas o sentarse en los bancos de la parte delantera de los autobuses (eso en algunos estados de Estados Unidos). La lucha de ellos ha cambiado la realidad de miles de personas.

Recibo cientos de testimonios semanales de personas que afirman que fueron completamente transformadas después de que pasaron por uno de mis seminarios, cursos, leyeron un libro o asistieron a uno de mis videos en la Internet.

Casi todos los integrantes de mi equipo me han escrito diciendo cuánto el cumplimiento de mi propósito de vida cambió su destino. Uno de los coordinadores del Instituto viajó a Estados Unidos conmigo y en el vuelo de regreso vino comentando cómo su realidad había sido transformada por estar viviendo mi destino.

Todos ganan cuando tú haces lo que tienes que hacer.

Tenemos recursos (y eso incluye a todos los seres humanos, no solo a los que han hecho cosas extraordinarias) que pueden ser emocionales, intelectuales, materiales, de capital humano, o una buena red de contactos. Sabemos cosas que absorbemos a lo largo de nuestras vidas, a través de la cultura, la lectura, la educación familiar, la formación académica o la experiencia profesional.

Aprendemos, luego, crecemos.

Aunque seamos grandes por dentro, en muchas ocasiones somos resistentes a usar lo que tenemos. Parece que queremos ahorrar algunos recursos.

Mi consejo para ti es: si está disponible en ti, no lo ahorres, ¡compártelo!

Es como si un jugador de fútbol recibiera la pelota dentro del área adversaria. Él mira hacia la meta y ve que el arquero está caído en el suelo. Es él y el gol. La hincha grita en una maravillosa explosión de alegría...solo que el atacante decide no patear la pelota, pues prefiere "guardar" ese gol para otra oportunidad.

¡Eso no existe!

Definitivamente, eso no es común. Solo que, por más que sea inadmisible pensar en esa situación, es exactamente así como actuamos en nuestro día a día. Dejamos para el siguiente juego el gol que deberíamos hacer ahora.

Cuando dejamos para después lo que teníamos que hacer hoy, muchos pierden con nosotros. Muchos ya no se benefician. Imagínate la hinchada frustrada porque el atacante decidió no hacer ese gol. Piensa en la reacción de los patrocinadores del equipo, de los compañeros de club. Una mezcla de sentimientos encontrados y desconfianza pronto surge.

Todos pierden cuando tú no haces lo que deberías hacer. ¿Te imaginas cómo estaría la vida de las personas que dicen ser ayudadas diariamente por nuestros videos, el equipo que crece junto a mí, si yo estuviera dejando para después los viajes, la lectura, la convivencia con personas mejores que yo, las horas dedicadas a escribir, los seminarios y la grabación de vídeos para Internet?

La procrastinación es un acto de egoísmo.

Las personas egoístas no pueden crecer. Difícilmente entienden y cumplen su destino. El egoísta no crea redes de relaciones, no siembra buenas semillas, deja cosas para después porque solo piensa en el mejor momento para él.

Recuerdo la historia de un señor de 70 años de edad que buscaba la recolocación profesional. Él había sido representante comercial en una discográfica y quería volver al mercado. En la tan esperada entrevista de trabajo, el contratista preguntó si, a lo largo de décadas en el mercado fonográfico, tuvo problemas con los comerciantes. El hombre respondió: "Yo no planté espinas, así que puedo caminar descalzo".

Por más que este señor haya plantado cosas buenas, ¿ha sembrado todas las semillas que poseía? Al final de cuentas, a los 70 años de edad es preferible estar en casa cuidando de los nietos, bisnietos y trabajando intelectualmente en libros y artículos, y no buscando recolocación en el mercado de trabajo.

Las personas que siembran sabiduría, conocimiento, atención, en fin, las virtudes espirituales, pueden andar descalzas, pues difícilmente algo causará daño en ellas.

Son personas que serán recordadas por lo que hicieron y por la forma que lo hicieron. Quien siembra mal o deja de sembrar, jamás será recordado.

Tu destino es creado por las semillas que plantaste.

Vamos a tomar otro ejemplo del mundo corporativo, el de una empresa de punta como la automotriz Toyota. Hace muchos años, la automotriz japonesa Toyota Motors creó la filosofía administrativa que se centra en la producción bajo demanda. Si no hay demanda, es decir, búsqueda o necesidad, no habrá producción.

Al hacer esto, ella le economiza dinero al cliente, pues evita gastos innecesarios y puede ofrecer un buen producto a precio justo; así también disminuye el desperdicio y evita pérdidas e inversiones que descapitalizan otros sectores de la empresa.

La línea de producción, entonces, funciona a todo vapor, pero los proveedores solo entregan y facturan cuando se está terminando la existencia de determinada pieza en el inventario. Con ello, además de los beneficios ya citados, la medida también mejora la situación del almacenaje de inventario, porque disminuye el gasto de enormes almacenes, ya que utiliza poco espacio para inventario.

Lo que quiero decir con esta historia es que hacer lo que se debe hacer no está ligado a hacer MUCHO, sino a hacer ¡LO CORRECTO!

Prosperar no es trabajar mucho, sino trabajar lo correcto.

Imagínate los beneficios de ello en un país pequeño como Japón, una pequeña nación que visité unas cinco veces. ¡Siempre aprendo cuando estoy allá! ¡Ellos no dejan nada para después y cuando lo hacen, lo hacen!

Podríamos imaginar también cómo se protegen, si, por una infelicidad, hubiese un incendio o un accidente natural, como terremotos (que son comunes en Japón) e inundaciones. Todos estos problemas se evitan con la aplicación de la filosofía "Justo a tiempo", que significa "el momento adecuado".

La procrastinación no es solo la lacra del tiempo; es también el sepulcro de la oportunidad.

Hazlo ahora y hazlo correctamente

Y nosotros, ¿qué podemos aprender de esa filosofía?

He observado cómo la mayoría de nosotros hemos ahorrado los recursos que poseemos. Hay personas que han acumulado conocimiento, recursos y habilidades a lo largo del tiempo, pero parece que los están guardando para días futuros.

¿Y el futuro?

¿Estás seguro de que estarás vivo la próxima semana?

En otras palabras, las personas dejan de montar sus redes, dejan de enriquecer a las personas a su alrededor y retienen lo que podría ser usado en la construcción de una mejor red, de un ambiente mejor y, por qué no decirlo, de un mundo mejor.

Lo poco que sabes es MUCHO para quien no sabe nada.

Un consejo: nunca dejes de enseñar algo a alguien.

Hay personas conscientes de la existencia de la conspiración divina a su favor. Esta conspiración se encarga de que la sinergia entre las fuerzas divinas y humanas, operando en nuestro mundo, acerque a aquellos que necesitan estar cerca y alejen a personas cuyo plazo a nuestro lado ya se ha agotado. Trae recursos diarios a ser utilizados y crea circunstancias favorables para nuestro éxito.

Las personas que creen en algo mayor y confían en esta realidad que está por encima de nosotros, saben que sus recursos son inagotables. Por lo tanto, no terminan cuando se utilizan, aunque sea en gran cantidad.

¿Puede la sabiduría de Dios ser agotada en una enciclopedia? ¡No, ni siquiera si utilizáramos todos los servidores o computadoras del planeta!

Entonces, si tienes un conocimiento sabio, no lo retendrás porque eso no es divino. En Él, las fuentes de sabiduría no se agotan.

Todo lo que Dios ha puesto en ti es para ser invertido en esta generación, en este tiempo. Tu talento debe ser utilizado ahora, tus habilidades deben servir a las personas en el presente.

Para vivir tu FUTURO, necesitas hacer algo HOY.

Yo te aseguro que cuanto más siembras, más semillas el Creador colocará en tus manos.

Como puedes ver en 2 Corintios 9:10, en una carta del apóstol Pablo, Dios da semilla a quien siembra. Él no la da al perezoso, al miedoso, al egoísta. Él da a quien está sembrando. El mismo texto dice, además, que Dios va a multiplicar la semilla. Y lo hace para que nunca se agote.

Funciona como una fuente de agua mineral: fue colocada allí por Dios, por eso todos pueden tomar agua y nunca acabará. ¡Las fuentes divinas son inagotables!

Las personas que tienen conciencia de ello suelen ser menos ansiosas con el día de mañana. Si ellas tienen ante sí una oportunidad o una persona que puede recibir el recurso que está con ellas, suelen entregar todo hoy mismo. Ellas saben que mañana será otro día, un día con nuevos recursos y nuevas oportunidades.

Salomón, el rey sabio, dijo hace tres mil años:

"No digas a tu prójimo: Anda, y vuelve, Y mañana te daré, Cuando tienes contigo qué darle".
(Proverbios 3:28)

Esto es sabiduría milenaria de los judíos y es útil hasta el día de hoy. Nuestra acción de sabiduría y conocimiento intelectual es lo que alimenta nuestro espíritu. Siendo así, yo pregunto: ¿lo mismo no sucede con la comida que se pudre, con el alimento de nuestro cuerpo?

En todo, hay un plazo de validez que necesita ser respetado. Después de un cierto período, la comida no sirve para nada más y su único destino es la basura. En relación al alimento emocional, intelectual y cognitivo podemos seguir con la misma lógica.

SUPERVISIÓN ESPECIALIZADA

Quiero usar otro texto de la sabiduría milenaria, lo que algunos conocen como Biblia, para mostrar lo que sucedió en la historia del pueblo judío. Según la Biblia, un rey perdió la batalla contra el país vecino por el simple hecho de haber retenido aquello que debería haber sido usado de una sola vez.

¡Eso mismo! A veces, perdemos batallas en la vida porque no usamos toda la munición que teníamos que usar.

El texto íntegro está en el segundo libro de 2 Reyes 13:14-15 (NVI):

Cuando Eliseo cayó enfermo de muerte, Joás, rey de Israel, fue a verlo. Echándose sobre él, lloró y exclamó: — ¡Padre mío, padre mío, carro y fuerza conductora de Israel! Eliseo le dijo: —Consigue un arco y varias flechas. Joás así lo hizo.

Israel estaba en guerra contra Siria, y el rey Joás fue a buscar al profeta durante un momento delicado de su pueblo, pues Eliseo funcionaba como una especie de vidente. Él era una persona que oía a Dios y preveía el futuro, además de ser considerado uno de los grandes nombres de la nación en aquella época. Eliseo era, sobre todo, un personaje consciente acerca de cómo actúa la acción divina en la vida humana.

Desafortunadamente, la mayoría de nuestros problemas nos han cegado de tal manera que perdemos el rumbo correcto, perdemos el equilibrio emocional y, muchas veces, ni siquiera conseguimos creer y hacer las cosas que son obvias: buscar ayuda y supervisión especializada.

Hay problemas que nos desajustan de tal manera que entramos en desesperación y nos negamos a dar crédito a cualquier cosa que promete ayudarnos a salir del agujero. En el momento en que necesitamos mayor lucidez, nos volvemos hacia el lado donde hay tinieblas más densas.

Entiende que recibimos, de manera graciosa y abundante, el entendimiento de la naturaleza de las cosas de la vida y el conocimiento técnico que nos hace mejores en lo que hacemos. Pero, desgraciadamente, hay personas que prefieren mantener creencias que no las llevan a ningún lugar y que pueden complicar situaciones que ya son delicadas y complejas.

Dios promete perdón por tu arrepentimiento, pero no promete un mañana para tu procrastinación.

¿Cuál fue la orientación dada por el profeta al rey? Traer un arco y algunas flechas. Israel estaba en guerra y, normalmente, en situaciones así, el rey era el comandante del ejército nacional. Los reyes no siempre se quedan en los palacios, los grandes líderes no siempre pasan el día en la comodidad del aire acondicionado, en una silla de cuero cómoda y delante de una bandeja con café expreso, jugo y agua.

La historia muestra que el griego Alejandro Magno (356 a.C.-323 a. C.), el militar francés Napoleón Bonaparte (1769-1821), el emperador mongol Genghis Khan (1162-1227), el rey David y todos los otros grandes líderes que conquistaron pueblos y territorios, acumulaban riqueza y tesoros por lo que hicieron en los campos de batalla. Ellos no ahorraron recursos para combatir a sus enemigos, proteger a sus pueblos y aumentar sus dominios.

Volvamos a la historia de Eliseo. El rey hizo lo que el profeta le orientó y trajo el arco y las flechas, una porción de ellas. ¿Quién era el guerrero experimentado entre los dos hombres? El rey Joás. Pero lo que había de especial era la experiencia de Eliseo. ¿Por qué un soldado experimentado debería buscar un místico, un hombre del área de la espiritualidad? ¿Puedes ver la relación?

Los recursos que tenemos y utilizamos en el día a día no se hacen de un solo tipo de materia. El mismo pensamiento puede ser usado para analizar la vida y las relaciones humanas, sociales, políticas, económicas, familiares y espirituales. Cada área tiene sus características y genera conocimientos distintos.

Una persona que ocupa posiciones en varias áreas no puede depender solo de un conocimiento general. Debe desarrollar conocimientos específicos para realizar papeles diferentes. Este es un aspecto.

El otro aspecto es que, en cada papel, también dependerá de diversos tipos de conocimiento. Por ejemplo: un síndico, para ser eficiente, necesitará, inevitablemente, tener conocimientos mínimos de administración de recursos humanos, de gestión de dinero, conocimientos de ingeniería y arquitectura, jardinería y de leyes. No se puede sostener en nuestros días solo con buena voluntad. ¿Lo entiendes?

El mundo en que las personas de buena voluntad se daban bien parece haber pasado. Hoy en día, con el aumento absurdo del intercambio de conocimiento —después de todo, vivimos en la era del conocimiento—, las personas son muy bien informadas. ¡La Internet es la profesora de esta generación!

El mundo de hoy es un mundo técnico, pero eso no es todo. En los tiempos del rey Joás y del profeta Eliseo, por ejemplo, las cosas se resolvían llamando a un sacerdote. Dependiendo del caso, se recurría al profeta. Las guerras, como puedes inferir, eran resueltas con el arco y la flecha en un campo abierto de batalla. ¿Cuál sería la especialidad de un profeta? En aquellos tiempos, los reyes se rodeaban de consejeros, como aún hoy sucede con un presidente de la República. Él tiene sus consejeros para áreas de defensa, economía, relaciones internacionales y para problemas internos del país.

Las personas con conocimientos específicos son útiles para orientar a quienes no los tienen. En cierta situación, tú puedes ser un consejero. En otra, el aconsejado. Es como dice Proverbios 11:14: La sabiduría está en la multitud de consejeros.

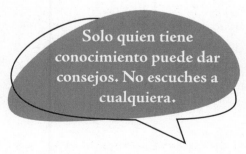

Solo quien tiene conocimiento puede dar consejos. No escuches a cualquiera.

Pues bien, el rey aceptó el consejo de Eliseo y cuando regresó con el arco y las flechas, Eliseo puso sus manos alrededor de las manos del rey que sostenía el arco, orientándolo. Fue así que Eliseo aconsejó al rey en el ejercicio de su oficio.

Las personas con conocimientos específicos pueden ajustar nuestro rumbo, dar directrices que allá adelante harán mucha diferencia. Hay consejos, pistas que aparentemente no significan mucho, pero cuando vienen a la hora correcta y son dadas por expertos, valen más que el oro. Cuando son dados por un representante divino no pueden ser despreciados de ninguna manera.

El problema es que despreciamos consejos útiles porque tenemos los mismos problemas, pero queremos soluciones mediáticas, hollywoodenses.

> Hay cosas complicadas que se resuelven con ajustes pequeños.

Además del desprecio al consejo simple, tenemos casos en que las personas creen que no son buenas para hacer eso o aquello, pero ni siquiera intentaron. Otras se colocan en la cabeza que no lo lograrán, pues se hallan incompetentes. Sin embargo, buena parte de las personas que se destacan en una actividad profesional no han planeado nada de lo que están viviendo o han vivido. Las biografías de esas personas no mienten, y eso es lo que leemos en la mayoría de los casos.

¿Qué es necesario para funcionar en una actividad, aunque no sea algo que te dé a conocer en todo el mundo?

Muchas veces es necesario absorber una simple enseñanza, y aceptar ser guiados por alguien que tiene un conocimiento más y que está dispuesto a entrenarnos.

Entrenamiento es práctica. Y practicar es lo que nos hace diferentes de las personas que no se ejercitan en lo que quieren destacarse. El profeta ayudó al rey a entrenar el uso de arco y flecha. Él no hizo una oración "poderosa", no apeló a los espíritus que protegían las fronteras de Israel con Siria ¡no! Eliseo ayudó al rey a practicar.

La peor cosa que podemos hacer por una persona con alguna necesidad, al intentar ayudarla a salir de su problema, es resolverle todo. Muchos padres frustraron el destino de sus hijos por intentar "ayudarlos" evitando los procesos dolorosos que los maduran en la vida.

Es como traer la solución sin enseñar cómo hacer, sin orientar cómo salir de un callejón aparentemente sin salida. Si un día, en el futuro, la persona vuelve a enfrentar un problema, ella volverá porque no aprendió cómo hacer lo que necesita ser hecho. Ella no practicó, no entrenó.

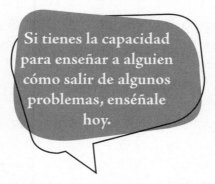

Si tienes la capacidad para enseñar a alguien cómo salir de algunos problemas, enséñale hoy.

No te guardes consejos. Si sabes ayudar, hazlo con dedicación. Pero si no sabes cómo ayudar, no intervengas.

Es como Pablo escribió en Romanos 12:6-7:

Según la gracia que nos es dada, si el de profecía, úsese conforme a la medida de la fe; o si de servicio, en servir; o el que enseña, en la enseñanza.

Ahora, mira la secuencia del paso entre el rey y el profeta, descrita en el segundo libro de 2 Reyes 13:17-18:

> [...] *y dijo: Abre la ventana que da al oriente. Y cuando él la abrió, dijo Eliseo: Tira. Y tirando él, dijo Eliseo: Saeta de salvación de Jehová, y saeta de salvación contra Siria; porque herirás a los sirios en Afec hasta consumirlos. Y le volvió a decir: Toma las saetas. Y luego que el rey de Israel las hubo tomado, le dijo: Golpea la tierra. Y él la golpeó tres veces, y se detuvo.*

Esa era la hora dominante del entrenamiento con el profeta. Eliseo dio una orientación y aguardó la respuesta del rey. Cuando Joás recibió la orden diciendo "dispara", el profeta siguió diciendo lo que significaba lo siguiente: "Esta es la flecha de la liberación del Señor, es la flecha de la liberación contra los sirios".

El rey buscaba la liberación de la opresión que el rey de Siria ejercía contra su pueblo. Él estaba en presencia del profeta porque aquel país había sido creado por Dios y era dirigido por Él, por lo que era razonable pedir la orientación de un profeta que conocía los planes de Dios.

Desgraciadamente, el rey parecía estar desmotivado o, lo que es peor, tenía visión corta para alguien que ocupaba ese cargo. Él no entendió la amplitud de la orden y sacó solo tres flechas de su aljaba y así golpeó el suelo tres veces.

Incluso después de que el profeta detallara el proceso durante un entrenamiento, el rey fue económico, a pesar de tener varias flechas.

Eliseo, el hombre de Dios, se puso muy indignado, y empezó a impacientarse:

El hombre de Dios se enfadó con él y le dijo:

Al dar cinco o seis golpes, hubieras derrotado a Siria hasta no quedar ninguno; pero ahora sólo tres veces derrotarás a Siria".

(2 Reyes 13:19)

¡Hay personas que ni con la supervisión especializada dibujada, entienden que ha llegado la hora de disparar todas las flechas!

¿Cuál fue el resultado del entrenamiento especial que el rey no supo aprovechar? ¿Lo que él consiguió ahorrando flechas de su aljaba, tal vez con miedo de que faltaran flechas durante la batalla?

El resultado es que los sirios vencieron la guerra, pues Israel tenía un rey con recursos suficientes, pero que prefirió ahorrar sus flechas. En ese momento, él debió haber usado con vigor y empeño todo lo que tenía.

¿Cuál es la razón para hacerlo?

¿Cuál es el motivo para que ahorres lo que tienes a tu alcance cuando hay una sinergia que actúa a tu favor?

¿Por qué no te dispones a abrir puertas, a enseñar a las personas, a conectar grupos, a disparar todas las flechas?

Hay individuos que solo aprenden si reciben explicaciones detalladas, aunque tengan contenido, incluso recursos disponibles. Si tienes el contenido, no ahorres. Esto tiene que ver con funcionalidad en la comprensión. Si entiendes lo que está involucrado en un proceso, da lo mejor de ti para que todos ganen.

Debes poner todo tu empeño con dedicación, sin economía. Mira nuevamente lo que escribió Salomón sobre el esfuerzo y la dedicación:

> *Lo que tus manos tengan que hacer, que lo hagan con toda su fuerza, pues en la sepultura, hacia dónde vas, no hay actividad ni planificación, no hay conocimiento ni sabiduría.*
>
> (Eclesiastés 9:10, paráfrasis del autor y énfasis agregado)

Es necesario aprovechar las oportunidades cuando estamos ante una persona especial que tiene el poder, que puede abrirnos puertas, así como un profeta. En los días de hoy, un profeta podría ser un mentor, un coach, alguien estratégico en la sociedad o incluso un buen amigo.

Una vez, en un evento en el que yo daría algunas charlas, el organizador, al final de una sesión, reclamó que yo había dado mucho contenido en la primera conferencia, pensando que faltaría asunto para los encuentros siguientes... ¡No!

Cuando estoy ante una oportunidad de formar personas mejores, doy lo mejor de mí, porque sé que hay una conspiración divina actuando a mi favor, y ella me dará más contenido para las próximas conferencias, para los próximos grupos y hasta para las próximas generaciones.

Lo razonable no funciona ante algo mayor. El "más o menos", menos aún. ¡Es todo o nada! Por eso, cuando tienes el recurso, no tiene sentido esperar a que un comando sobrenatural te guíe a ponerlos a disposición. Si los recursos ya están contigo y confías en la conspiración divina a favor de tu futuro, no los ahorres.

¡Utiliza tu talento, usa tu capacidad!

Los que vencen en la vida son aquellos que superan la posición de "pobres tipos" y se lanzan a la historia, los que oyen buenos consejos y los usan en el momento oportuno, los que no empujan la resolución de un problema para otro día.

Si el rey hubiera arrojado hasta el final de sus flechas, él habría vencido a los sirios en aquella batalla. Sin embargo, él creyó que ya estaba bien y prefirió ahorrar lo que tenía a la mano.

¡Si ya está en tus manos, es para ser usado!

No importa la circunstancia, no importan los otros. En cuanto a ti y lo que haces con lo que recibiste, solo existe una realidad: está en tu poder avanzar o alcanzar tu destino, llevando a otros contigo. ¡Dispara hasta la última flecha!

7

La fase de exposición

"Quien está en la lluvia, es para mojarse".
Dicho popular

¡Me alegra haber llegado hasta aquí!

Al aplicar los consejos y sugerencias que he dado hasta este capítulo del libro, estás a punto de atravesar las puertas que dan acceso a tu destino. Estoy seguro de que durante el tiempo que invertiste leyendo estas páginas, comenzaste a dibujar en tu mente con mayor claridad el futuro que deseas.

Pero, en este capítulo final, todavía tengo algunos consejos que, como padre, voy a dar a mis hijos. Siendo así, no puedo dejar de compartirlos contigo. Al final, siento que ahora tengo parte de tu historia y tu futuro.

Debes imaginar que vivir tu destino requerirá mayor exposición pública (aún más en la era de las redes sociales), y eso tendrá implicaciones positivas, pero también negativas, y tendrás que saber lidiar con todas ellas.

En principio, la exposición parece ser algo bueno y agradable. Después de todo, ¿quién no sueña con ser reconocido por lo que hace? Pero la exposición, por otro lado, provocará contrariedades inevitables. ¿Piensas que la casa donde Martin Luther King Jr. vivía con su familia hubiera sido apedreada si él no hubiera estado expuesto mientras construía plenamente su destino? Ciertamente nadie jamás hubiera notado aquella residencia si él se hubiera acomodado y hubiera dejado de invertir en la realización de su propósito en la Tierra.

La exposición nos coloca en una posición difícil para recibir juicios y críticas, "ganar" enemigos y ser apedreados; y a veces todas estas cosas al mismo tiempo.

En varias ocasiones, mientras estaba en el auge de su exposición pública, Jesús tuvo que huir de grupos que intentaron apedrearlo o arrojarlo de algún precipicio, literal y metafóricamente. ¿Y por qué sucedió esto? Porque vivir y cumplir tu destino profético siempre frustrará a aquellos que quisieran estar en tu lugar. Disfrutar de la exposición provocada por la alineación de tus elecciones personales con el plano trascendental, provoca odio en muchas personas que no concuerdan con tus posiciones y opiniones. Eso, por decir lo menos.

¿Sabes cómo manejar el rechazo de las personas hacia ti?

Recuerda que no saber lidiar con sentimientos negativos como el miedo, por ejemplo, paraliza la construcción de nuestro destino.

Cada uno de nosotros tiene un futuro que está siendo construido, y la unión de nuestras historias forma lo que tenemos alrededor: la cultura, la sociedad, el espíritu empresarial, el sistema financiero, la industria, el comercio, los servicios y todo lo demás.

Sin embargo, algunas personas, cuya conspiración divina proyecta su imagen públicamente porque parte de su misión es influenciar a muchas personas al mismo tiempo, deben enfrentar los inconvenientes de la exposición. Es parte del proceso. Hay que acostumbrarse a ello.

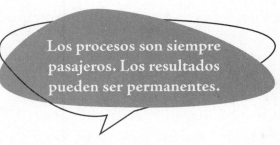

Los procesos son siempre pasajeros. Los resultados pueden ser permanentes.

El anonimato, a su vez, priva a las personas de esos inconvenientes, pero provoca otros problemas que tendrán que compensar, como las necesidades de aceptación y reconocimiento, que se vuelven más intensas cuando alguien está fuera del foco social.

La exposición también provoca otras necesidades, pero mira esto como parte de tu crecimiento y alégrate por haber sido señalado para dar una contribución singular a las personas que viven en ese tiempo. ¡Ese es tu destino!

Pero atención: si todavía no sabes manejar el odio, no estás habilitado para ser expuesto públicamente. Si todavía te sientes afectado por la envidia y los complots ajenos, no estás preparado para vivir el futuro. Si todavía te comparas con alguien, te desmoronarás emocionalmente al exponerte.

¡Entonces, decide! La etapa de exposición pública exige mucha madurez e inteligencia emocional. Ella exige lo que la sabiduría milenaria bíblica llama "fruto del Espíritu". La idea, como la encontramos en la Biblia, remite a un fruto con nueve ramas.

Son ellas: amor, alegría, paz, paciencia, amabilidad, bondad, fidelidad, mansedumbre y dominio propio.

Cada una de esas virtudes personales fortalece aspectos de nuestra personalidad, protegiéndonos de la acidez y el malestar que traen ciertas relaciones sociales y personales.

Por ejemplo, en nuestro caso, el dominio propio es una clave para lidiar con personas agresivas, con aquellas personas que envidian la posición de destaque o la exposición de otros, y tienden a usar palabras ásperas con la intención de herir, de lastimar y humillar a otros.

Una persona sin prepararación difícilmente pensará dos veces antes de reciprocar, antes de "pagar en la misma moneda". Y eso es lo que el provocador espera.

El destino robado, aunque por un tiempo, no es el del agresor, sino el del que permitió ser herido. En gran medida, el desequilibrio emocional y la falta de inteligencia emocional provocan caos en situaciones como esta. Las personas expuestas al público necesitan llegar preparadas para ese momento y así, evitar que su imagen sea empañada o deteriorada al comienzo de su carrera.

Atendí decenas de artistas de la televisión, deportistas, CEO y líderes religiosos que no supieron lidiar manejar con el éxito de sus destinos.

Parte de los "memes" que vemos en Internet es fruto de ello: personas que no fueron forjadas en el horno del proceso de construcción de una imagen segura, sólida, soñada y planificada de antemano, pavimentada cuidadosamente. Cuando se enfrentan a lo inesperado, piensan que están en el patio de recreo con amiguitos de infancia y actúan como adolescentes, quedan malhumorados, pasan vergüenza.

Los seres humanos que tomaron conciencia de su destino como influyentes y asumieron el papel que el plan trascendental estableció para ellos, van a presentar otro resultado, otra reacción. Dominarán la situación y sabrán cómo capitalizar, es decir, extraer lecciones de vida de las situaciones más delicadas y peligrosas. ¡No hay otra manera de ser feliz en medio de la exposición! Ciertamente, es en situaciones así que conocemos a los líderes del futuro. No es en las decisiones triviales, del día a día, que surgen las personas que se destacan, que piensan y actúan con excelencia.

Las decisiones rutinarias son tomadas por personas comunes y esas decisiones, en general, no cambian a otras personas, ni al mundo circundante. Las personas y el mundo cambian cuando las ideas diferentes e innovadoras se presentan y se implementan con éxito.

Nuevos rumbos y destinos exitosos se conocen cuando llegamos a un punto crucial de la historia y tenemos personas de visión diferenciada, con los ojos puestos más allá del horizonte y que no temen a lo que piensan o hablan respecto a ellos.

Son personas inquebrantables, constantes, invulnerables.

Si estudias la historia de las grandes innovaciones, de lo que se llamó "cambio de paradigma" o "corte epistemológico", verás que las personas que las provocaron cambiaron el destino de la humanidad, aunque esto hubiera exigido mucho de ellas. Esto es: de las personas que pensaron diferente de los demás y se expusieron públicamente.

No pienses que Albert Einstein (1879-1955), el gran físico alemán, fue elogiado en los corredores de laboratorios y universidades al decir que el tiempo y el espacio no eran fijos. Él contradijo el entendimiento vigente, creado por la teoría de Isaac Newton (1643-1727). A pesar de la grandeza de Newton, Einstein afirmó que el tiempo y el espacio eran relativos. Por eso, muchos se rieron de él. Pero Einstein entró a la historia. ¿Conoces el nombre de los que lo ridiculizaban? No.

En ese episodio, Einstein creó la Teoría de la Relatividad, en la que surge la noción de espacio-tiempo curvo, lo que posibilitó establecer bases geométricas en sus ecuaciones, o sea, una cuarta dimensión.

Después de Einstein, ni la Física ni el mundo fueron los mismos. Hasta hoy, genios de la ciencia hacen nuevos descubrimientos, innovaciones tecnológicas y científicas a partir de la Teoría de la Relatividad. ¡Y ella fue creada hace más de cien años! Por lo tanto, hago dos preguntas:

1. ¿Cómo Einstein reaccionó a sus críticos?

2. ¿Cuál es la imagen de Einstein hoy?

Seguramente sabes cuáles son las respuestas y también percibes que la exposición exige una preparación anterior. La exposición sin preparación puede generar un "aborto de destino". Así, considerando lo que escribí sobre el fruto de virtudes que necesitamos cultivar en nuestra vida y comportamiento, creo que la Biblia siempre dio consejos a sus lectores para que estos pudieran vivir cosas grandes.

En la Biblia hay textos que nos orientan a amar sin esperar nada a cambio (amor desinteresado); enseñan que si alguien nos hiere en un lado de la cara debemos dar el otro también (no violencia); y, entre otros pasajes, nos animan a hacer todo con excelencia, sin esperar elogios humanos, sino como si lo hiciéramos para Dios (característica de por encima de todo y de todos).

Al final, debemos notar que todo esto no siempre tiene que ver con las personas que están en nuestro medio o con nosotros, sino con nuestro propio blindaje emocional. ¡Dios sabe todo, y el destino es todo!

¿ESTÁS PREPARADO PARA VIVIR TU DESTINO?

Empeñarse en hacer cosas grandiosas, independientemente de las personas a nuestro alrededor, siendo ellas influencias positivas o negativas sobre nosotros, si quieren nuestro bien o nuestro mal, si van a aplaudir o abuchear, está relacionado con nuestra salud emocional, nuestro crecimiento espiritual y la sofisticación de nuestra inteligencia, más que con los enemigos y estímulos negativos externos.

En la etapa de la preparación, que fue lo que tratamos hasta aquí, las dificultades no se muestran tan severas. Subir una montaña es tarea que a primera vista parece un tanto difícil, pero, paradójicamente, lo que de hecho pasa es que mantenerse en la cima es lo que realmente da más trabajo, exige mayor concentración y consume nuestras energías.

Decir esto, a estas alturas, parece una mala noticia, un balde de agua fría. Pero no es para eso que escribí este libro: sino para ayudarte a lidiar con las fases de la vida, con tu camino de éxito y a vivir íntegramente la realización de tu destino.

Cuando empecé a hacer lo que hoy hago, y me di cuenta de que las cosas estaban aconteciendo, que todo parecía ir muy bien y de manera saludable, la exposición llegó. Ante un trabajo bien hecho y de motivaciones correctas, la exposición te pone a prueba.

En los últimos años, entendí las señales que surgirían, evidenciando que mi trayectoria había despegado hacia el destino que Dios trazó para mí.

Él sabía en qué saldría mejor. Fui músico profesional durante mi adolescencia y parte de la juventud, tuve una agencia de viajes por ocho años, pero había algo más grande, y el Arquitecto del Destino sabía en lo que realmente sería exitoso. Yo ni siquiera me lo podía imaginar. Como hablo en el capítulo «Zona de Expulsión», acabé siendo expulsado por Él de donde yo estaba, directo a mi destino.

Debería estar celebrando, después de todo ¿quién no quiere disfrutar del honor de ser una referencia en determinados asuntos, y poder ayudar a tantas personas? Sucede que la exposición es solo parte de toda la situación. Y es la parte visible. Una conferencia en un auditorio lleno, un vídeo de diez minutos en un canal de YouTube, una entrevista para un medio de comunicación son vitrinas, es lo que aparece para la multitud.

Pero eso no es todo. Son solo unos minutos de un día que dura 24 horas, como el de cualquier otra persona. Lo que las personas no ven son los bastidores, lo que a veces sucede en la base de la fuerza, de las batallas emocionales y de los embates que exigen niveles de inteligencia diferenciados para que la conferencia de sesenta minutos y el vídeo de diez minutos sean hechos de forma impactante.

Voy a contar unos secretos. Es malo, y yo diría que es pésimo, dormir fuera de casa debido a las agendas de eventos. Perder el momento precioso de estar de noche en la habitación de mis hijos, abrazados con ellos en la cama y contando historias para dormir. Soy apegado a mi familia. Puede ser que tú tengas otro apego, y te sea exigido separarte de él cuando tu momento de exposición pública llegue. Entiende como exposición pública a una multitud de personas, pero también a las pocas que te rodean y evalúan, como compañeros del trabajo o familiares.

La exposición roba cosas preciosas. Por eso, responde con sinceridad: ¿sabrás lidiar con ella?

Otra cosa que la exposición trae son las críticas, y normalmente no se hacen en una sala cerrada entre tu crítico y tú. Es horrible ser criticado o apedreado públicamente, en las redes sociales, por ejemplo, y no poder defenderse y callar la voz calumniadora. En muchos casos, estas críticas se hacen a través de falsos perfiles, creados para dar flujo a invenciones de noticias mentirosas.

Y si no bastara con que el blanco de la crítica (tú o yo) se sintiera mal alcanzado por una mentira grosera inventada por un envidioso, esos episodios también alcanzan a las familias. Recuerda que tus parientes (cónyuge, hijos, padre, madre, hermanos) también leerán y verán todo por Internet, y acompañarán las "noticias" en tiempo real.

Quedarás al borde de un estado depresivo cuando estés en el camino correcto, como en el caso del propio doctor Luther King, que luchó por la igualdad en nombre de toda una comunidad, y descubrió que el gobierno, a sus espaldas, tramaba algo en contra de su proyecto que apuntaba al bien de los demás, de millones de personas.

Mientras te esfuerzas, te desdoblas y expones tu propia imagen e integridad, tal vez alguien está insultando a tus hijos en la escuela, en las plazas. Mientras te dedicas a algo que vale la pena, es posible que alguna agencia de Inteligencia esté enviando montajes de fotos tuyas a tu esposa solo para intentar destruir a tu familia, y hacer que tu integridad moral se convierta en humo. Esto es lo que nos cuenta la historia sobre la vida de Martin Luther King Jr.

Todas estas cosas solo ocurren cuando estás en la fase de la exposición. Después de que estamos expuestos, una trama de nuevas situaciones comienza a emerger ante nuestros ojos, día a día, y otros demonios emocionales surgen. Uno de ellos es la comparación.

La comparación es inevitable cuando alcanzas un lugar destacado. ¿Te acuerdas de la conocida historia bíblica de las mujeres cantando *"Saúl hirió a miles, y David sus diez miles..."* (1 Samuel 18:7) que he citado en este libro? Más o menos sucede algo así. La comparación no vendrá necesariamente de ti, a partir de la voluntad de compararte con alguien que es punto de referencia.

Algunas personas, ciertamente, lo harán en tu lugar, y esa comparación siempre tendrá que ver con exigencias. No solamente te comparan con alguien, sino exigen que seas mejor que el otro, que presentes una diferencia que agrade a todos, griegos y troyanos. Algo imposible por naturaleza.

Con el tiempo, te irritarás con ese nivel de exigencia. Esto no estaba en tu plan original y jamás fue un deseo tuyo. ¡Todo lo que querías era solo tu lugar bajo el sol!

Pero en esas horas, si no estás con el corazón blindado, ¡te apuntarán y resultarás herido! Si no sabes manejar esto, la herida se convertirá en amargura y angustia. A continuación, vendrá una grave enfermedad emocional, que te sacará del circuito y te lanzará de vuelta a las sombras.

> "Sobre toda cosa guardada,
> guarda tu corazón".
> (*Proverbios 4:23*)

Una vez más la Biblia es una sabia consejera. ¿No es ese un consejo adecuado para nuestra salud emocional? Pero todavía no he terminado de enumerar la trama de situaciones que la exposición puede atraer, pues la exposición es una situación propicia también para atraer persecución.

Cuando tu carrera despegue, muchos hábitos de tu rutina actual se mantendrán, como mantenerte actualizado e informado por la prensa. Entonces, una mañana estarás leyendo las últimas noticias y podrás encontrarte con alguien que ha decidido escribir contra ti, no sobre ti y tus habilidades, no sobre el bien que estás haciendo. Sino contra ti.

Hay ciertos vehículos de la prensa que se especializaron en perseguirme. Crean historias que no son verdaderas respecto a mí. Entonces, cuando eso sucede, yo informo a mi equipo jurídico y ellos me defienden de los ataques.

¿Eso no parece una locura? Pero cosas así suceden por el simple hecho de estar expuesto. Para vivir y cumplir tu destino, será necesario entender que, en el futuro, tú cambiarás y serás diferente de lo que eres hoy.

En consecuencia, tu rutina diaria también cambiará. Serás más fuerte, capaz y maduro, lo suficiente para lidiar con las contrariedades y las dificultades que están por venir. Cuando caminas paso a paso en el proceso de construcción de tu identidad y el futuro deseado, el propio proceso se encargará de prepararte para la nueva situación.

Una vez, mi hijo José entró en mi cuarto, subió en mi cama y me despertó. Eran las cinco de la mañana. No entendía bien lo que estaba pasando. Cuando me di cuenta, estaba encima de mí haciendo la siguiente pregunta: «Papi, cuando yo crezca, ¿voy a casarme?».

Era inevitable no hallar gracia en aquella pregunta. Entonces, sonreí y respondí: «Hijo, aún es de madrugada. Vuelve a dormir».

Pero él fue insistente y dijo: "Papa, estoy preocupado, necesito saberlo".

Hasta intenté, pero no pude aguantar la risa. ¿Cómo un niño puede estar preocupado por algo así? Sin embargo, le respondí: «Sí, hijo. ¡Tú te casarás!».

Solo que mi respuesta no fue suficiente y mi hijo continuó: «¿Y cuando me case, voy a tener hijos también?».

Respondí: «Espero que sí… Dios siempre cuida de todo».

Mi pequeño aún no estaba satisfecho y replicó: «Pero, papi, cuando yo me case y tenga hijos, ¿voy a vivir aquí en casa o en otro lugar?».

Rápidamente le dije: "En otro lugar, mi amor".

Él entonces, con su mirada cabizbaja me preguntó: "Pero, papi, si voy a vivir lejos de ti, ¿quién me cuidará?».

Ahora, no sabía si llorar o sonreír. Me quedé impresionado con las preguntas de él y continué la sesión de "minicoaching":

"Hijo, estás tratando de ver el futuro con la cabecita que tienes ahora. Hoy, necesitas a papá y mamá, necesitas la niñera que nos ayuda, necesitas cuidados cuando vas a comer, cuando vas a bañarte... Pero en el futuro, cuando crezcas como papá, vas a pensar de manera diferente, tendrás fuerza y voluntad para hacer cosas que hoy aún no puedes hacer, tendrás habilidades que aún no tienes. Cuando ese tiempo llegue, ese temor de hacer las cosas solo ya no estará ahí dentro de ti".

José suspiró. Al parecer, entendió. Luego me dejó terminar aquella noche de sueño. Este caso nos da una lección más importante:

> No se puede ver el futuro con la mentalidad del presente.

Algo por lo cual me esfuerzo es intentar instruir y entrenar a todos los que pasan por mi camino, incluso un niño. Hacerles entender que cada día trae su propio aprendizaje ha sido una misión de vida para mí. Si no aprendemos las lecciones de la vida en los días del entrenamiento, no sabremos tratar cuando llegue la hora de la prueba, cuando llegue la exposición pública, que es el resultado natural de las cosas bien hechas.

El miedo siempre te rodeará en esta etapa. Miedo de fallar, de no salir, de perder todo. Hay un pasaje bíblico interesante sobre eso. Jesús venía de madrugada caminando sobre las aguas del mar de Galilea y sus discípulos estaban en el barco. Pedro ve a alguien caminando sobre las aguas y todos gritan: ¡FANTASMA!

Ante una situación pavorosa no reconocemos a Dios. Creemos que es todo, menos la salvación llegando.

El miedo nos confunde, nos ciega y nos paraliza. El miedo es enemigo de la fe. ¿Quieres vivir tu destino?

¡Aprende a dominar tus miedos!

LA ETAPA DE LA EXPOSICIÓN TIENE MUCHOS BENEFICIOS

Las personas que ya están en la cima de la montaña, en general, solo se relacionan con aquellos que llegaron allí y se mantuvieron en la cima. La comunicación entre los que están en lo alto y los que están en la base no es posible. La distancia impide que se escuchen el uno al otro y, en algunos casos, ni siquiera se ven.

La exposición trae luz. Quien está en el centro del escenario es quien recibe las luces de la exposición. Esto hará que se revele en quién te has convertido y a cuál nivel emocional, intelectual y principalmente, espiritual, llegaste.

En consecuencia, los círculos de amistad cambiarán. Migrarás natural y lentamente de un círculo de amistades a otro círculo de relaciones. Un factor positivo de la exposición es que el mensaje que llevas gana relevancia. Quiero dar un ejemplo bien conocido.

El guatemalteco Cash Luna, uno de los más grandes líderes y comunicadores latinos de la actualidad, afirmó en una conferencia para trece mil líderes en Guatemala que el 86% de lo que se oye, se da por causa de QUIEN está hablando, no por lo que se está diciendo. La exposición te hace un QUIÉN, un individuo a ser escuchado. Y puedes usar esto para dar notoriedad al mensaje principal de tu vida.

Jesús tenía un mensaje desde niño. El mensaje siempre estuvo con Él, pero Él solo comenzó a divulgarlo después de los 30 años, cuando ganó notoriedad, cuando finalmente fue expuesto. Y, por consiguiente, los aspectos negativos vinieron juntos, como sabemos: críticas, comparaciones, persecuciones.

Imagínate si Martin Luther King Jr. hubiera revelado el mensaje que llevaba consigo antes de ser expuesto públicamente como defensor de los derechos civiles. ¿Alguien lo hubiera escuchado? De ninguna manera. La gente no oye a "NADIE", oye a "QUIÉN".

¿Quién dijo eso? ¡Él! Ah, entonces vamos a escuchar y mirar.

La relevancia está en el QUIÉN y no en el QUÉ.

Cuando vivimos nuestro destino particular, este no es un QUIÉN. Entonces, será necesario un nivel diferenciado de sabiduría para administrar los aspectos negativos y positivos que la exposición traerá.

Incluso, sobre esto, la Biblia tiene un consejo apropiado:

A los cielos y a la tierra llamo por testigos hoy contra vosotros, que os he puesto delante la vida y la muerte, la bendición y la maldición; escoge, pues, la vida, para que vivas tú y tu descendencia.

(Deuteronomio 30:19)

El mayor flujo de dinero, por ejemplo, formará parte de tu rutina. ¿Eso es bueno o malo?

Depende de cuánta sabiduría hayas acumulado en la etapa de la preparación para hacer frente a esta nueva realidad. La forma en que administras tus recursos será capaz de transformar tu vida en el cielo o el infierno. ¿Lo entiendes?

Siempre intentamos culpar a los factores externos por nuestros problemas y fracasos: las crisis en el país, la corrupción de los políticos, el padre que nos abandonó cuando aún éramos niños, alguien que te persiguió en alguna situación específica. Es la creación del "otro", un mecanismo de ataque y defensa que la psicología y la sociología explican muy bien.

Acontece que nuestro "cielo en la tierra" solo es construido por el modo en que administramos lo que está dentro de nosotros, incluso la fe. Después de todo, cada uno de nosotros tiene fe en alguna cosa o en alguien.

Lo que sucede fuera de nuestro mundo interior son solo campos de entrenamientos y oportunidades para madurar. La diferencia ocurrirá internamente, en la forma en que manejaste y preparaste tu inteligencia emocional y tu campo intelectual (la preparación técnica para ejercer con excelencia tu vocación).

Por lo tanto:

> Descubrir nuestro destino es más que recibir una visión de futuro.
> Es llevar el peso de la responsabilidad hasta que el futuro se haga presente.

En la Introducción de este libro dije que el nivel de tu entrenamiento es lo que determinará el radio de acción de tu influencia. Nada es imposible cuando realmente sueñas con algo y estás preparado para apoderarte de determinada victoria o bien.

Podemos resumir esto en una ecuación:

SUEÑO + PREPARACIÓN.

¡Por favor, graba eso!

En la ejecución de esta ecuación, recuerda que la parte divina siempre estará a tu lado. ¡Por lo tanto, haz tu parte!

Recuerdo un día en que estaba en la sala de vídeo de mi casa, viendo una serie y comiendo una barra de chocolate con avellanas. De repente, escuché los pasos de mi hijo José viniendo por el pasillo. No lo pensé dos veces y, rápidamente, escondí el chocolate debajo del sofá.

¡Pero, espera! ¡No pienses que lo hice porque soy egoísta! Es que los niños no pueden ver algo como el chocolate sin implorar por un pedazo, no importa si está de día o de noche. Como estábamos cerca del horario de la cena, quien es padre o madre sabe la confusión que es dar dulces a los hijos antes de las comidas, y por eso tomé la decisión de esconder el dulce. Al mismo tiempo, sería de una crueldad sin fin dejarle ver el chocolate y simplemente decir que él no podía comerlo. Es más fácil ocultarlo y listo.

Parece ser exactamente así que Dios actúa con nosotros. Él es Padre y jamás dejará a sus hijos ver algo que Él no tenga la intención de darnos o hacernos participar.

Ningún padre lleva a sus hijos a una tienda de juguetes solo para que vean los juguetes en la vitrina. ¡Eso sería una tortura!

Cuando un padre no tiene la intención de dar el juguete, por cualquier motivo que sea, jamás dejará al niño ver y quedarse con el deseo de tenerlo para sí.

Así, si Dios te mostró algo, si Él te permitió ver el futuro de cierta manera, sonríe, ¡alégrate! Él tiene la intención de entregarlo en tus manos.

Si hay algo que he aprendido en esta vida es que Dios no es sádico.

Es completamente absurda la teoría –que muchos creen– de que Él quiere vernos sufrir para quitar nuestros pecados. Es completamente irreal que Dios quiera castigarte para que aprendas o puedas conquistar algo.

La Biblia dice lo contrario:

Mas él herido fue por nuestras rebeliones, molido por nuestros pecados; el castigo de nuestra paz fue sobre él, y por su llaga fuimos nosotros curados.

(Isaías 53:5)

Nuestro destino nos espera y está bien allí al frente. El futuro de quien está expuesto al plano trascendental es brillante. El tuyo será así.

Por eso, te digo: ten fe.

La fe abre el camino antes de dar los pasos. La fe es lo que nos impulsa.

¡Cree en lo que aún no puedes ver!

¿CÓMO DESCUBRÍ MI DESTINO?

Muy joven, me di cuenta que tenía el don de hablar en público. Mis amistades y lecturas construyeron una cantidad relevante de contenido sobre liderazgo y crecimiento personal en mi mente. Mi mentalidad fue construida a través de eso y potencializada por la fe que tenía.

Los obstáculos que encontré en el camino me hicieron conocer la superación; los traumas y complejos emocionales que llevaba me enseñaron la importancia de tener Emociones Inteligentes. ¡Luché mucho para adquirir eso!

A pesar de gustarme mucho leer todo sobre gastronomía y ser "bueno en la cocina", nadie paraba para escucharme cuando hablaba de este asunto. Pero cuando hablaba sobre espiritualidad y desarrollo personal, había una multitud que disputaba un lugar para escucharme.

Quiero decir que la cuenta fue simple: mi materia prima (el don de la oratoria), mis amistades, los libros que leí, los viajes que hice, mi historia de superación, mi conocimiento sobre la vida emocional y mi expulsión de la zona de confort, sumados, me hicieron entender que necesitaba comenzar un Instituto de Liderazgo, Coaching y Múltiples Inteligencias, y escribir libros para que las personas no pasaran por lo que yo pasé, y escucharan y leyeran todo el conocimiento que había acumulado.

Así nació el Instituto Destiny y el escritor Tiago Brunet que ustedes conocen hoy.

Con lágrimas, oraciones y decisiones, ¡entré en el camino que me llevaría a mi futuro!

Para DESCUBRIR tu destino, es decir, comprender para dónde estás yendo, responde las siguientes preguntas abajo con atención y sinceridad:

1. ¿Tus tres principales amigos son especialistas en algo? ¿Te pueden enseñar algo?

2. ¿Cuál es el asunto principal de los últimos cinco libros que leíste?

3. ¿Ya identificaste tu materia prima, o sea, tu talento o habilidad natural?

4. ¿Cuál es tu mayor sueño? ¿Tu vida actual es consistente con lo que deseas para tu futuro?

5. ¿Tienes la fe y el coraje para recomenzar si fuera necesario, o piensas desistir si las cosas salieran mal?

6. ¿Ya pasaste por la Zona de Expulsión? ¿Hacia dónde te llevó?

7. ¿Dónde tienes depositada tu fe? ¿En las palabras contrarias o en las palabras proféticas sobre tu vida?

8

¿Y si todo se sale de control?

DESESPERACIÓN

Así definimos la sensación que nos agita de adentro hacia fuera cuando todo se sale de control. Cuando el timón del barco que cruza los mares de la vida está desgobernado, nos quedamos aterrorizados.

Es incómodo no controlar la situación que estamos viviendo. Pero recuerda lo que escribí líneas atrás: existe un Arquitecto del Destino.

Tengo experiencias acumuladas para poder afirmar que Él sigue guiando nuestro futuro cuando perdemos el control. Él siempre sigue viendo el camino cuando llega la niebla.

El Creador asume las riendas de nuestra vida cuando, descontroladamente, derrapamos en la carretera mal señalizada de nuestra existencia.

Durante mi quiebra financiera y emocional, mi brújula interna se partió y quedé desorientado, perdido, sin suelo. No tenía idea de lo que estaba sucediendo. ¡Perdí totalmente el control!

Luego yo, que adoraba crear oportunidades, que andaba rodeado de personas importantes, que estaba seguro de mí mismo, en aquel momento impactante me vi sin rumbo y casi sin esperanza.

Cuando nos perdemos, corremos el riesgo de que el destino no nos encuentre.

Él me halló. Y Él te va a encontrar.

Parece que había olvidado que hay una supervisión especializada, hay algo más grande que nos hace volver al camino si así lo deseamos.

Pero mira qué interesante: no fui yo quien soñó con ser un coach o escritor.

En realidad, era lo único que podía hacer en medio del caos. Eran esas las herramientas que había disponibles.

Dios siempre usará lo que ya tienes en tus manos para transformar tu futuro.

Es decir, no escogí ser escritor cuando escribí mi primer libro. Eso fue dibujado en mi existencia cuando inconscientemente empecé a prepararme para eso.

¿Qué tienes en las manos hoy?

El destino me escogió. Después de que el mar bravo se calma, unes las piezas del rompecabezas de tu vida y te das cuenta de que ya había una conspiración divina para que todo esto sucediera.

Ningún entrenamiento que pasé fue en vano; todo se encajó perfectamente en mi nueva realidad.

La forma en que el raciocinio de un niño se desarrolla es muy útil en situaciones como esta. Imagínate que el padre está dentro de una piscina, y el niño, en el borde. La piscina es honda, y el niño jamás podría poner el pie en el fondo sin tragar mucha agua y poner la propia vida en riesgo. Y, en general, ¡los niños no saben nadar! A pesar de todo eso, el padre grita: "¡Hijo, ven!".

Al oír el mando paterno, el niño se lanza sin pensar en lo que está haciendo. Esta ilustración es muy común, creo que ya la has presenciado, hasta más de una vez en tu vida, ¿no? Confiar en que el Padre te sostiene cuando te lanzas en un lugar donde no das lo mejor, es típico de un niño. Y el final es siempre alegre, ¿no es así?

Tenemos que ser como niños, dice la Biblia.

Estar perdido no es tan malo cuando somos guiados por quien ha dibujado la senda de nuestra vida. Pero no te confundas: no es bueno vivir perdido. Sin embargo, si esto ocurre temporalmente, no te desesperes.

Las personas se han quitado la vida en momentos como este. Otros dejan a la familia y huyen. Provocan tragedias irreparables al sentirse perdidos.

El ciego no podrá ver, pero eso no significa que está perdido cuando anda por las calles del barrio.

No ver el siguiente paso no significa que estás perdido. Hay cosas en que nuestro instinto, que es dado por Dios, nos va a orientar, aun en el último instante (algunos lo llaman "toque del Espíritu Santo"). ¡Dios tiene otras formas de orientarnos en los días que no podemos ver!

¿Crees que vas a hundirte? No olvides que hay un Padre con los brazos abiertos cuidando de ti. Por eso, añadí lo siguiente al libro. Es para recordarte una frase bíblica que me impulsa:

Sin fe es imposible agradar a Dios.

¡No importa cuán perdido crees que estás, CONFÍA!

¡No importa lo inútil que piensas que eres, CREE!

¡No importa tu pasado, TEN FE en que el futuro que será extraordinario!

Tú vivirás tu destino.

¡Este libro es un mapa; ve siguiendo las pistas hasta encontrar tu tesoro!

¡Paz y prosperidad!

El destino no es suerte. Es a dónde vas cuando decides que Algo Mayor elegirá los caminos por ti.

¡El destino es todo!

Los conceptos de "lo que tiene que ser será", "todo ya está escrito", "karma, Maktub" fueron derribados por Jesús en un pasaje bíblico que ya mencioné en este libro: Mateo 26: 38-39. El Maestro estaba a punto de entregar su vida por la Humanidad.

(…) Yo pongo mi vida, para volverla a tomar. Nadie me la quita, sino que yo de mí mismo la pongo.
(Juan 10:17-18)

Él sudaba sangre y estaba angustiado con un profundo sentimiento de muerte. En esas horas horrendas en el jardín de Getsemaní que los evangelios de Mateo y Lucas relatan con detalle, Jesús intentó cambiar el curso del destino, y atemorizado declara: *"Padre, si quieres, pasa de mí esta copa"*. (Lucas 22:42)

Es decir, sí... existe un plan escrito, pero tú puedes cambiarlo con tus decisiones. Si Jesús hubiera insistido en aquella elección de volver atrás ante el terror que sería enfrentar la Cruz, nosotros no estaríamos aquí hoy.

Una decisión personal puede impactar a todos a tu alrededor para siempre.

Es el caso de un padre que decide salir de casa, sin darse cuenta de que eso cambiará también el destino de los hijos.

El destino es decidir que la conspiración divina tenga el control absoluto sobre tu futuro.

Jesús cae en sí de nuevo y replica: *"pero no se haga mi voluntad, sino la tuya"*.

El "yo quiero" hirió a muchas personas, destruyó bodas, y mató destinos proféticos.

Cuando el Maestro decide poner el siguiente paso bajo el control de Aquel que veía el futuro y regía toda la tierra en la palma de sus manos, el destino es confirmado.

Entiende, tenemos dos destinos: ¡el pasajero y el eterno!

Aquí en la tierra seguiremos las instrucciones de ese libro y viviremos nuestro destino temporal, pero otra decisión puede garantizar el Destino Final: la Eternidad.

La Biblia dice que Jesús fue ejemplo en todo, y en este pasaje exacto nos enseña a vivir ambos destinos en una sola decisión.

No sea como yo quiero. Pero sea hecha Tu voluntad.

El simple hecho de orar así declara públicamente nuestra decisión.

¡El futuro comienza hoy!

Y Jesús estará contigo, a tu lado, de aquí a la Eternidad.

Prison Book Project
PO Box 592
Titusville, FL 32781